科学实验课程
设计指导

◎刘　明　主编

南开大学出版社

天　津

图书在版编目(CIP)数据

科学实验课程设计指导 / 刘明主编. —天津：南
开大学出版社,2023.9
ISBN 978-7-310-06470-0

Ⅰ.①科… Ⅱ.①刘… Ⅲ.①科学实验－课程设计－
小学 Ⅳ.①G623.63

中国国家版本馆 CIP 数据核字(2023)第 177963 号

科学实验课程设计指导
KEXUE SHIYAN KECHENG SHEJI ZHIDAO

南开大学出版社出版发行
出版人：刘文华
地址：天津市南开区卫津路 94 号　　邮政编码：300071
营销部电话：(022)23508339　营销部传真：(022)23508542
https://nkup.nankai.edu.cn

天津创先河普业印刷有限公司印刷　全国各地新华书店经销
2023 年 9 月第 1 版　　2023 年 9 月第 1 次印刷
240×170 毫米　16 开本　13.25 印张　1 插页　250 千字
定价：66.00 元

如遇图书印装质量问题,请与本社营销部联系调换,电话:(022)23508339

目　录

绪　论

第一节　概述

科学实验及学校科技制作活动是有目的、有步骤的一种实践活动，和科学课程理论教学一样重要，是科学教育课程必不可缺的重要环节。

一、科学实验及科技制作活动的构成

1. 实施者

实施者是设计、组织及进行实验、实践的人员，是实验及科技活动的主体。实施者要明确实验和活动的目的，懂得相关的原理，准备所需的仪器及耗材，制定活动方案及步骤，进行实践得到数据，分析处理数据形成报告。实施者从事科学实验及科技制作活动，是研究自然界特定对象必不可缺的步骤和环节。

2. 研究对象

即实施者所要研究的目标。研究对象可以是自然界的物体及现象，如岩石、水的结冰；也可以是人类制造出来的物体及现象，例如验电笔、虹吸现象。无论哪种研究对象，都是实施者进行控制的对象，又是实施者认识了解的对象。

3. 实施手段

实施手段由仪器、设备、耗材等物质材料组成，连接实施者和研究对象，是实施者和研究对象之间的中间过程。没有合适的实施手段，研究对象的某些属性就不能展现出来，我们就无法获得关于这些属性的认识。实施手段是否合适，决定了研究所能达到的认识水平。改进实施手段，意味着提高研究的水平。采用先进的创新性手段，往往会带来理论上的突破和发展。因此，有效地改进实施手段有着重要的意义。

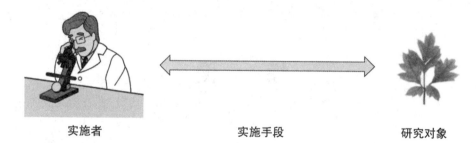

实施者　　　　　　　　　　实施手段　　　　　　　　　　研究对象

二、科学实验和科学制作活动的步骤

科学实验和科技制作活动的步骤分为预备阶段、实施阶段、处理阶段。预备阶段，需要确立活动目的、明确相关原理、着手研究的设计、准备仪器设备及实验耗材、检查活动的环境。实施阶段，需要实施者操作一定的仪器设备，使其作用于研究对象，取得实验和科技活动的数据。处理阶段，需要实施者对结果和数据进行分析，处理数据，形成研究报告，得出研究的结论。

三、科学实验的功能

1. 科学实验能够使学生获得丰富的感性知识和规律性认识

科学实验扩大了人类的视野，有利于人类认识事物的本质，具有不可替代的作用。

例如，意大利天文学家、物理学家和工程师，欧洲近代自然科学的创始人伽利略·伽利雷（Galileo di Vincenzo Bonaulti de Galilei，1564 年 2 月 15 日—1642 年 1 月 8 日），是第一个把实验引进科学研究的科学家。他把实验和数学巧妙地结合，确定了一些重要的力学定律。1609 年，伽利略在得知荷兰小镇的一家眼镜店主人利伯希（HansLippershey）用眼镜片制作出望远镜之后，得到启发，自制了一个望远镜（后被称为伽利略望远镜），用来观测天体，发现了许多前所未知的天文现象，从而让人类能够用望远镜探索太空，对太空星体有了感性的认知，并且能够通过观测，得到并验证星体的运行规律。伽利略认为实验是知识的唯一源泉，深

伽利略

天文望远镜

太空星体

信自然是用数学语言写的，只有形状、大小和速度这些能用数量描述的特征才是物体的客观性质。伽利略对 17 世纪自然科学的发展发挥了重大作用，改变了人类对物质运动和宇宙的认识。

2. 科学实验是创立科学理论的基础和先导

1901 年，德国人伦琴（W.C.Röntgen，1845—1923）因为 1895 年发现了 X 射线，从而成为首届诺贝尔物理学奖获得者。1932 年，英国的物理学家查德威克通过实验发现中子获得诺贝尔奖。1934 年，约里奥·居里夫妇发现人工放射物质获得诺贝尔奖。这些科学实验，奠定了现代科学理论的基础，成为科学理论的先导。

3. 科学实验是检验科学假说或理论的重要方式

詹姆斯·克拉克·麦克斯韦（James Clerk Maxwell），英国物理学家、数学家，经典电动力学的创始人，于 1864 年预言了电磁波的存在，1873 年发表经典的电磁理论著作——《电磁学通论》，该著作建立起完整的电磁学理论，系统地概括了麦克斯韦本人创造性努力的成就。但是在当时麦克斯韦提出的理论备受质疑，最终得证其理论的正确性还是 1888 年赫兹的电磁波存在实验。所以爱因斯坦评价麦克斯韦的成就"是牛顿以来，物理学最深刻和最富有成果的工作"，"只是等到赫兹以实验证实了麦克斯韦电磁波的存在以后，对新理论的抵抗才被打垮"。

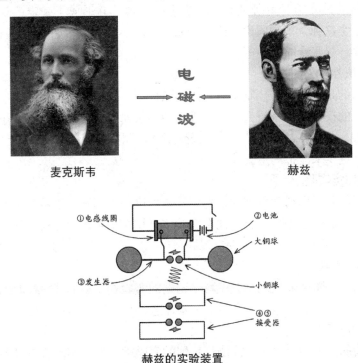

麦克斯韦　　　　　　　　　　赫兹

电磁波

赫兹的实验装置

①电感线圈　②电池　大铜球　③发生器　小铜球　④⑤接受器

四、科学实验在科学课程中的作用

第一，科学实验是培养科学素养的主要途径；

第二，科学实验能够有效激发学生的学习兴趣；

第三，科学实验是促进思维发展的有效方式；

第四，科学实验能够培养学生的求真意识和质疑精神；

第五，科学实验是培养创造能力的基础。

五、科学课程中主要的科学实验类型

科学实验按照不同分类方式，可分为不同的类型，常见的有探究性实验、验证性实验、模拟性实验、制作类实验、观察实验、测量实验等，下面简单介绍几种。

1. 探究性实验

通常指的是实施者预先不知道实验的结果，要通过亲自实验、探索、分析、研究得到结论的实验类型。如探究接触面光滑程度与摩擦力大小关系的实验、不同食物中淀粉含量多少的实验等。

2. 验证性实验

通常指的是实施者对研究对象有一定的了解，并形成了一定的认识和假说后，为了证实这种认识和假说正确与否而进行的实验类型。如用天平秤验证空气有质量实验、热胀冷缩实验等。

3. 模拟性实验

通常指的是实施者在控制研究对象的条件下，通过模拟实验的某些条件，制成研究对象的模型来代替研究对象，进而观察被研究对象在特定条件下实际情况的实验类型。如模拟昼夜、火山、地震、风雨雷电等，其中，计算机模拟及 VR 虚拟现实是近年来模拟的主流。

4. 制作类实验

特别指的是运用科学原理和技术手段来解决一些问题，培养学生动手能力的实验类型。如制作生态瓶实验。此类实验多采用 STEM 教学方式，如水火箭制作与发射实验。

5. 观察实验

通常指的是学生通过观察获得科学论据的实验类型。如观察校园内的动物植物（树叶、毛毛虫）实验、显微镜下观察洋葱鳞片叶表皮细胞的结构实验。

6. 测量实验

通常指的是使用测量工具或测量仪器的实验类型，让实施者掌握测量工具或者仪器的正确使用方法和注意事项。如使用温度计测量水的温度实验、测量人体肺活量实验等。

六、科学实验中容易出现的安全问题及预防

科学实验涉及很多仪器、设备、工具、材料，有的实验也会出现反应比较剧烈的现象，实验指导教师必须熟悉科学实验原理，掌握科学实验过程，清楚实验注意事项，保证实验安全操作，否则容易出现安全事故。如2020年绍兴柯桥区一个培训机构，在教室做"法老之蛇"实验，实验教师未受过专业培训，因操作不规范，导致酒精灯爆炸，6名学生被烧伤；2021年7月，深圳一家校外培训机构，同样在给学生做演示实验时候发生意外，导致一名学生烧伤。

1. **火灾**

（1）科学实验中常使用有机溶剂、加热设备和器具，增大了火灾危险性，避免火灾要注意以下事项：

①严禁用明火在开口容器和密闭体系中加热有机溶剂，如需加热，只能使用加热套或者水浴加热；

②用过的有机溶剂不得直接倒入废物桶，必须先倒入回收瓶，再集中处理。如果量少可稀释之后排入下水道；

③有机物不允许在烘箱内存放、干燥、烘焙；

④开口的有机溶剂不得放置在有明火的台面，更不能在有明火的台面上倾倒。

（2）处理办法

①乙醇、丙酮等着火，可以用水浇灭；

②容器中的易燃物着火，可用灭火毯盖灭；

③汽油、乙醚、甲苯等着火可用灭火毯或沙土盖灭；

④导线、电器起火必须先断电，然后再灭火；

⑤个人衣服着火，应迅速脱衣用水灭火，或就地打滚。

2. **爆炸**

科学实验中，当反应太剧烈失去控制或者压力超出仪器设备承受范围易发生的事故。如随意混合超量的化学药品、加压或减压实验中使用了不耐压的容器，或反应过于激烈失去控制、易燃易爆气体过多等。

3. **中毒**

实验中误食、吸入、碰触有毒物质引发的事故。因此在科学实验中，应尽量使用无毒无刺激的试剂操作，在化学反应类以及会出现飞溅颗粒的实验中必须佩戴防护眼镜，严禁用嘴吸移液管，严禁在实验室内饮水、进食。

4. **触电**

实验室触电是指人体接触带电物体，构成电流的通路，引起人体强烈不适的

事故。避免触电应注意以下几点：

  ①手湿不许接触电器；

  ②电源裸露部分要绝缘；

  ③有损坏的插头、插座、接头、导线要及时更换；

  ④先连电路，后接电源；先断电源，后断电路；

  ⑤有人触电要先断电，后救人；

  ⑥不要超负荷使用电器。

  5. 割伤、灼伤、烫伤

在使用切割工具或者加热仪器设备过程中，可能会出现的事故。轻微可用药自行处理，其他情况建议去医院处理。

第二节 物质科学领域实验基础知识

  为了研究方便，我们把科学课标中涉及的物质科学领域实验，按照物理类和化学类区别对待。下面，我们根据分类介绍一下物质科学领域实验要用到的工具及使用方法。

一、物理类实验常用仪器工具及使用方法

（一）刻度尺

  1. 主要用途

测量。

  2. 尺的种类

直尺、曲尺、卷尺、折尺等。

  3. 刻度尺的使用方法

①根据实际测量要求选择合适量程的刻度尺；

②刻度尺线紧贴被测物体；

③刻度尺的零刻度线与被测物体一边对齐；

④读数时，人眼在刻度尺上方，正对刻度线，视线与刻度尺垂直；

⑤估读最小刻度下一位，注意物理单位。

举例说明：读出下列位置的测量值

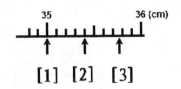

[1]位置为35.00cm，注意：不能写成35cm。

[2]位置为35.40cm。

[3]位置为35.78cm。

（二）温度计

1. 实验常用温度计的种类

a. 液体温度计；

b. 热电偶温度计；

c. 指针式温度计；

d. 电子温度计。

2. 液体温度计的使用方法

①根据量程选温度计；

②充分与被测物体接触，但不能触碰容器壁或容器底；

③不要离开被测物体，等待读数稳定后，视线与温度计液面相平读数；

④不要求估读；

⑤热交换过程的温度，要读最高和最低温度；

⑥不能用温度计进行搅拌。

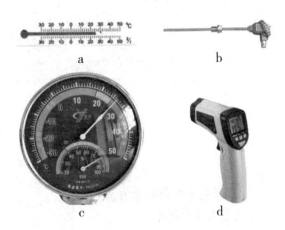

a   b

c   d

3. 温度计测量时的注意事项

①用温度计测量气温时，要保持良好的通风条件，并避免阳光直射；

②用温度计测量液体温度时，把温度计下方的玻璃泡放置在液体中间位置，不要靠近液体表面或者液体的底部；

读数方法

③用温度计测量固体温度时，温度计下方的玻璃泡要与固体充分接触，并注意接触面压力不要过大，以免压碎玻璃泡。

（三）天平

1. 天平的种类

a. 托盘天平；

b. 分析天平；

c. 扭力天平；

d. 电子天平。

a

b

c

d

2. 天平的原理

天平使用的是杠杆平衡的原理：平衡时，两边力矩相等。（力矩等于力臂乘以力即 $F_1S_1=F_2S_2$）

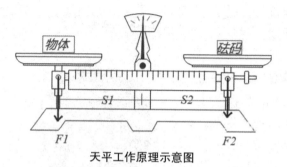

天平工作原理示意图

3. 学生天平的使用方法

（1）天平的调平

①将天平水平放置，取下左右盘下面的固定垫圈，检查两侧托盘是否调换；

②用镊子将游码拨到横梁标尺左端刻度线的"0"处；

③调节横梁两端的平衡螺母，使横梁平衡。

（2）天平的称量

①把被测物体放在天平的左边托盘；

②估算被测物体大致质量后，用镊子夹取相应质量的砝码，放入右盘；

③观察天平指针的偏转情况，加减砝码或拨动游码，让天平趋于平衡；

④天平恢复平衡后，读出被称量物体的质量，该质量等于砝码的总质量与游码指示的质量值之和；

⑤称量完毕，用镊子将砝码逐个放回砝码盒内原位置，取走被测物体。

4. 天平使用的注意事项

①天平水平放置；

②取放砝码不能用手拿，必须用镊子夹取；

③使用前要调节平衡螺母使得天平调零，即指针对准分度盘中央刻度线或在此线左右作等幅摆动，表示横梁平衡（如果指针偏左，平衡螺母外旋；指针偏右，平衡螺母内旋）；

④拨动游码，等于在右盘添加小砝码；

⑤加减砝码一般先用大砝码，再用小砝码（若指针偏左，则加砝码；若指针偏右，则减砝码）；

⑥称量过程中不得再调节平衡螺母；

⑦如果是腐蚀性药品，先在两边托盘各放置一张相同的纸，再称量。

（四）弹簧测力计

弹簧测力计也叫弹簧秤，是利用胡克定律原理制成的测量作用力大小的装置。

1. 弹簧测力计的种类

a. 压缩弹簧；

b. 扭转弹簧；

c. 拉伸弹簧；

d. 平面涡卷弹簧。

a   b   c   d

2. 弹簧测力计的原理

胡克定律：在弹性形变范围内，弹簧的弹性形变与外力成正比，即 $\Delta F = k\Delta x$。ΔF 为所受拉力变化量，k 为弹性系数，对同一弹簧来说 k 为定值。Δx 为弹簧长度的变化量，即弹簧所受拉力变化量与长度的变化量成正比。

3. 弹簧测力计的使用方法

①先竖直放置弹簧测力计，然后捏住测力计的挂钩，来回抽动几次，让弹簧能自由伸长，避免卡壳；

②检查一下，当静置没有外力作用时，弹簧测力计的指针是否归零，如果不在零刻度位置，则需要调零；

③确认弹簧测力计的最大量程以及每格表示的数值是多少；

④用弹簧测力计测量物体的重量，若判断被测物体重量不超出弹簧测力计的

量程，就将其挂到挂钩上，等待指针静止后读数；

⑤读数时视线与刻度盘垂直，并保证眼睛、指针、刻度线三点一线。

（五）静电感应起电机

1. 静电感应起电机及用途

静电感应起电机是一种靠不同金属摩擦连续产生正、负电荷，并能把正、负电荷积累存储起来的实验装置。该机与其他仪器配合后，可完成验证电荷性质、雷电模拟实验、辉光放电等有关静电现象的实验。

2. 静电感应起电机的原理

静电感应起电机由以下几部分组成：

①旋转盘及旋转机构：由两块圆形有机玻璃板叠放在一起组成。两盘中间留有一定空隙，每块外侧表面以圆心为中心，对称贴有铝片。两个旋转盘分别与两个受动轮固定在一起，并依靠两根相互交叉的皮带与驱动轮相连，从而保证手摇摇杆时驱动轮旋转，带动两个旋转盘异向旋转。

静电感应起电机

②电刷：两个 U 型金属杆呈 90 度夹角，两端固定铜刷，与旋转盘铝片接触，分别固定在两个旋转盘外侧，盘旋转时铜刷与铝片摩擦起电。另有两个勾型悬空电极，与电刷成 45°夹角，跨接在旋转盘两侧，电极上装有许多尖细铜丝，铜丝尖端指向圆盘上的铝片。悬空的两个电极通过金属杆与两边的莱顿瓶相连，金属杆的一侧插入瓶盖一半，末端由一根较粗铜丝与莱顿瓶筒底内层锡箔相连。

③莱顿瓶：两个筒状电容器。每个电容器由两层筒状锡箔组成，中间是电介质，上有瓶盖，用来储存电荷。悬空电极上采集的电荷可以储存在莱顿瓶中。

④放电杆及放电小球：放电小球通过金属放电杆与莱顿瓶盖相连，此杆插入瓶盖一半且悬空放置，不与莱顿瓶中锡箔筒相连，使其受莱顿瓶内筒电荷感应而带上电荷，若两个莱顿瓶聚集了异性电荷，则两个放电小球就会被感应出异性电荷，两个小球靠近时就会因放电而产生电火花。

3. 静电感应起电机的使用注意事项

①必须顺时针方向摇，不能逆时针方向摇；

②速度由慢到快，但不要过快；

③两个放电球距离稍稍接近一些，摇动一段时间发现火花以后，再调节距离远一些；

④停止摇动时，速度要从快到慢，最后让它自行停止；

⑤不用时，用短路块把两个小接线柱短接。

（六）电流表

电流表又叫安培表，是测量电路中电流大小的一种仪器。交流电流表不分正、负极性，直流电流表要区分正、负极性，电流应从电流表的红色接线柱（正极）流入，从黑色接线柱（负极）流出。指针式电流表一般表针指示都向右偏，最右侧刻度为测量的最大量程。

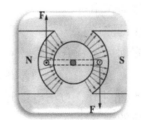

直流电流表

1. 电流表的原理

电流表是根据安培定理制成的仪器，即垂直于磁场的通电导体在磁场中受到安培力的作用而产生运动，力的大小 F=ILB，I 是电流大小，L 是导体长度，B 是磁场强度。因为电流表里面是均匀辐向磁场（辐向就是磁力线方向与圆柱形铁芯的切线垂直，电流表的线圈也和切线垂直），所以不管通电线圈在磁场中转动到什么位置，线圈平面都跟磁感线平行，流经线圈两侧导线的电流方向均垂直于磁感线方向，线圈始终受到安培力作用，发生偏转，直到安培力和旋转弹簧扭力平衡后停止，此时表针显示读数即为电流大小。

2. 电流表的用途

①可以测电路中的电流大小；
②可判断电源的正、负极；
③监测电路工作状态。

3. 电流表的使用方法

①选好量程；
②正进负出；
③正确接线；
④串联在被测电路中；
⑤绝对不允许并接于电源；
⑥静止读数视线与刻度线垂直。

表头线圈受力示意图　　表头工作原理示意图

（七）电压表

电压表又叫伏特表，是用来测量电路中电压的一种仪器。

1. 电压表的原理

电压表是电流表改装的，电流表串联一个很大的电阻，将其并接到电路两端，根据欧姆定律，电流表显示的

直流电压表

电流正比于外部电压，适当选取串联电阻大小，就可以通过电流表的电流，计算出对应的电压值。

2. 直流电压表的使用方法

①选取合适量程，正确选择接线柱；

②并联在被测电路中；

③正进负出；

④表针静止后读数，视线与刻度盘垂直。

电压表原理示意图

（八）万用表

1. 分类

指针式、数字式。

2. 使用介绍

数字万用表具有灵敏度高、准确度高、读数迅速、过载能力强、便于携带、使用简单等优点，在科学实验中得到广泛使用。下面以数字万用表为例做一介绍。

使用前请认真阅读使用说明书，熟悉功能开关、插孔、按键的作用。

（1）交、直流电压的测量

交、直流电压测量时，量程开关旋转

指针式万用表　　　　数字式万用表

至 V—（直流）或 V～（交流）的合适量程，红表笔插入 V/Ω 孔，黑表笔插入 COM 孔，表笔与被测线路并联，按下电源开关，读取屏幕上的测量值。

（2）交、直流电流的测量

将量程开关拨至 A—（直流）或 A～（交流）的合适量程；当电路电流小于 200mA 时，红表笔插入 mA 孔，当电路电流大于 200mA 时，红表笔插入 10A 孔，黑表笔一直插在 COM 孔，万用表串联在被测电路中，读数。

注意：数字万用表不用考虑红黑表笔在电路里的接法，测量直流时，数字万用表能自动显示极性。如果显示前面有"—"，则表示红表笔接的是负极，黑表笔接的是正极。

（3）电阻的测量

将量程开关旋至 Ω 的合适量程，黑表笔在 COM 孔不变，红表笔插入 V/Ω 孔，读数。若显示"1"，表示超出量程，需更换更大电阻量程。测量过程中须注意，不要用手碰触表笔金属探针部分，更不能手握电阻两端引脚。

3. 使用注意事项

①超出测量量程时，仪表在最高位显示数字"1"，这时应选择更高的量程；

②当无法预估被测电压或电流大小时，需要先拨至最高量程档测量一次，根据测量数值，把量程减小到合适档位；

③测量电压时，数字万用表并联在电路中，测电流时数字万用表串联在被测电路中；

④测量过程中，禁止在电压或电流档位换量程，如需转换，必须先断开万用表，再转换；

⑤当显示电池符号或"LOW BAT"等时，表示表内部电池电压低，请更换新电池，一般都为6F22叠层电池。

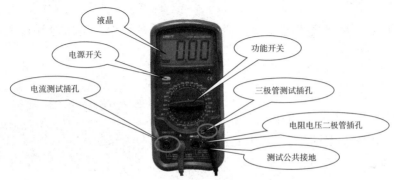

数字万用表各部分示意图

（九）测电笔

测电笔也叫验电笔，实验室通常用来区分火线与零线，检测低压电气设备和线路通断，判断直流电与交流电，粗略判断电压的高低。

1. 测电笔的结构与原理

（1）结构

主要由探头、降压电阻（高阻）、氖管、压紧弹簧、金属笔帽等部件组成。

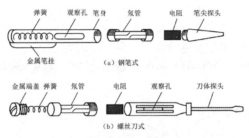

测电笔结构示意图

（2）原理

当测电笔探头接触电路被测端，电流将通过探头、降压电阻、氖管、压紧弹簧、金属笔帽、人体、大地构成回路，其漏电电流使氖管发光而显示带电。电压越高，漏电流越大，氖管越亮。如果检测的是直流电，氖管一端特别亮。

2. 注意事项

①使用前，首先应确认测电笔的功能正常；

②使用时，只能用测电笔的探头金属体接触待测电线或测试端子；

③使用时，使用者的手必须接触笔尾金属帽，保证构成验电回路；

④测量时，氖泡亮为火线，不亮为零线或地线或断路不带电。

（十）学生电源

学生电源能把交流电变成直流电，有经济、环保、电压电流可大可小的特点。

1. 原理

交流220V通过降压、滤波、稳压等电路，输出实验所需要的直流电压。可增加过流、过压等保护电路，极大保障了用电安全；也可以增加屏幕显示，实时读取输出电压、电流等参数。

学生电源

2. 注意事项

①使用前，首先确认所需的电压，选择合适档位；

②使用时，要先连好电路，再启动稳压电源输出；

③使用时，禁止未断开电路转换档位。

二、化学类实验常用仪器工具及使用方法

（一）试管

1. 主要用途

试管是一种用作化学反应的玻璃容器，通常用来进行少量物质的溶解、加热，也可作为小型气体发生器，收集少量气体等。

2. 使用方法和注意事项

①盛放液体时，液体少于试管容积的1/2；

试管

②加热液体时，液体少于试管容积的 1/3；

③加热时要用试管夹，不能用手拿着试管；

④加热前，要先把试管均匀受热；

⑤拿取试管时，用拇指、食指、中指捏握试管的中上部。

（二）烧杯

1. 主要用途

烧杯是一种常见的实验室容器，通常由玻璃制成，也有塑料材质，呈圆柱形，为方便倾倒液体，顶部的一侧开有一个槽口。有些烧杯外壁还标有刻度，可以粗略测量烧杯中液体的体积。常用于观察物质的溶解、较多量物质的反应，过滤操作时可以用来收集滤液。

烧杯

2. 使用方法和注意事项

①加热前，将烧杯外壁的水用抹布擦干；

②加热时，烧杯底部垫上石棉网，保证受热均匀，防止杯底破裂；

③反应时，反应液体不得超过烧杯容积的 2/3；

④搅拌时，要轻轻搅拌玻璃棒，不要碰触杯底或杯壁。

（三）试管夹

1. 主要用途

主要用来夹持试管。

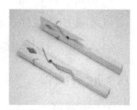

2. 使用方法和注意事项

①使用时，从试管底部向上套，不能横套或横出；

②使用时，试管夹要夹在试管口下方 1/3 ~ 1/4 处；

试管夹

③握持时，不可握持短柄，必须握持长柄，防止试管滑落。

（四）酒精灯

1. 主要用途

酒精灯是实验室常用的加热工具，主要由灯体、棉灯绳（棉灯芯）、瓷灯芯、灯帽构成。它以酒精为

酒精灯

燃料，广泛用于工厂、医疗、科研等领域。

加热温度达到 400 ~ 1000℃以上。实验室等一般以玻璃材质最多。

2. 使用方法和注意事项

①酒精灯内的酒精量大约在酒精灯容积的 1/4 ~ 2/3 之间；

②用火柴点燃，绝对禁止拿酒精灯到另一燃着的酒精灯上点燃；

③禁止在燃烧状态添加酒精，如需添加，必须灭火凉置后操作；

④酒精灯用完，要用灯帽盖灭，不可用嘴吹灭；

⑤不用时，为了防止酒精挥发，须盖好灯帽。

（五）量筒

1. 主要用途

用来量取一定体积的液体。

2. 使用方法和注意事项

①根据所需液体体积选用适当规格的量筒；

②水平放置，读数时，视线与量筒内凹液面的最

低处保持水平；

③溶解、稀释和化学反应不能用量筒，以防破裂；

④不能加热液体，也不能量取过热液体；

⑤洗涤时可用试管刷，避免硬器摩擦或碰撞，损伤量筒。

量筒

（六）胶头滴管

1. 主要用途

吸取或滴加少量液体。

2. 使用方法和注意事项

①实验中，一支滴管只吸取一种试剂；

②吸液时不要吸得过满，不要平放及倒置；

胶头滴管使用示意图

③滴加液体时，滴管要竖直，不要伸入容器内，更不要接触到容器内壁。

（七）蒸发皿

1. 主要用途

溶液的蒸发、浓缩或结晶，如食盐的溶解与结

晶实验。

2. 使用方法和注意事项

①盛装的溶液体积不得超过其容积的 2/3；

蒸发皿

②液体量多时可将蒸发皿放在合适的铁圈里加热，液体量少或黏稠时要将蒸发皿放在石棉网上加热；

③加热时，用坩埚钳取放，取下后应放在石棉网上，不要直接放置在桌面上，以免烫坏桌面；

④蒸发皿耐高温，但是骤冷容易破裂。

（八）药匙

1. 主要用途

通常用来取用少量小粒或粉末状固体药品。

2. 使用方法和注意事项

①有些药匙的两端有大小两匙，取药品量较多时用大匙，取药品量较少时用小匙；

②药匙不能取热药品，也不要接触酸、碱溶液；

③取完药品，把药匙用纸擦干净；

④最好专匙专用，小玻璃药匙可以存放在盛有固体试剂的小瓶中，无须每次洗涤。

药匙

（九）铁架台

1. 主要用途

通常用来作为固定和支撑各种仪器的支架和平台，是科学实验中使用最广泛的仪器之一，常与酒精灯配合使用，用于过滤、加热、滴定等实验。其上面的铁圈能够代替漏斗架使用。

2. 使用方法和注意事项

①铁圈和铁夹等可以调整所在立杆的高度及前后距离，并转动到所需要的角度；

②夹持仪器时铁夹紧度要适中，必要时可加软垫，以免夹碎玻璃仪器。

铁架台

（十）药品的取用

1. 三不原则

不能用手直接接触药品；不得品尝任何药品；不要闻药品（特别是气体）的气味。

2. 节约原则

注意节约。严格按照实验规定用量取用。若没指明用量，一般按最小量取用，液体取 1 ~ 2mL，固体只需盖满试管底部即可。

3. 处理原则

剩余的药品不能放回原药品瓶，也不能随意丢弃至垃圾桶，要统一处理。

4. 固体药品的取用

（1）块状固体药品用镊子夹取

一横二放三慢竖。

（2）固体粉末用药匙或纸槽

先倾斜试管，然后把盛有药品的药匙或纸槽轻轻送入试管底部，再把试管慢慢竖直，让药品全部落到试管底部（一斜二送三慢竖）。

5. 液体药品的取用

拿下瓶塞，倒放在桌上。瓶子标签朝向手心，瓶口紧贴试管口，把液体慢慢地倒入试管。倒完液体，立即盖紧瓶塞，将瓶子放回原处。

6. 使用滴管时的注意事项

滴管橡胶乳头在上，竖直放置，防止试液倒流，腐蚀橡胶乳头；不要把滴管放到实验台或其他地方，以免污染。滴管用完应该立即清洗，以备下次使用。严禁用未经清洗的滴管再吸取其他试剂（滴瓶上的滴管不要用水冲洗）。

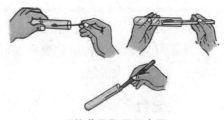

固体药品取用示意图

7. 浓酸、浓碱等强腐蚀性及过氧化氢等强氧化性药品的使用

使用强腐蚀性、强氧化性药品时，必须特别小心，防止溅到身上。若不慎被酸溅到，要立即用大量的水冲洗，再用小苏打溶液冲洗；若不慎被碱液溅到，先用大量的水冲洗，再涂上硼酸溶液；若不慎被过氧化氢溅到，立即用大量的水冲洗；若洒到实验台上，立即用小苏打溶液冲洗，然后用水冲洗，最后用抹布擦干。如果只是少量溅滴到实验台上，可用湿抹布擦净，再用水冲洗抹布即可。

做化学反应类实验要特别注意保护眼睛，戴好护目镜。

▌第三节　科学实验之生命科学领域实验仪器

（一）放大镜

1. 主要用途

用来放大物体微小细节，便于更好地观察。

2. 放大镜的使用

①移动放大镜，靠近要观察的物体，物体不动，人眼也不动，前后移动放大镜，直到最清晰最大为止；

②放大镜靠近眼睛，前后移动被观测物体，直到最清晰最大为止（如维修手表）。

（二）显微镜

1. 主要用途

通常用来观察微小生物或微小结构，如洋葱表皮鳞片细胞的观察。放大倍数一般为 50 ~ 1600 多倍。也可用于物理实验中微小物体的观察和测量。

2. 显微镜的结构

（1）单筒显微镜

目镜（5倍、10倍、16倍）、镜筒、物镜（10倍、40倍、100倍）、载物台、调焦装置（粗准焦螺旋，细准焦螺旋）、镜臂、反光镜、镜座、转换器。有的载物台带微调装置，下配光圈。

（2）双筒显微镜

目镜、物镜、聚光器、光源、机械部分（镜座、镜柱、镜壁、镜筒、物镜转换器、载物台和准焦螺旋等）。

双筒显微镜　　　　　　　　　　单筒显微镜

3. 显微镜的操作步骤

①安放；

②对光；

③观察；

④整理。

4. 显微镜操作中的注意事项

①显微镜取放时必须轻取轻放；

②遵守显微镜操作规程，先选低倍镜观察，再选高倍镜观察；

③能用低倍镜观察清楚，就不用高倍镜观察；

④保护好镜头，不能用手摸，如有灰尘，用皮吹子吹去；如有脏污，用镜头纸轻轻地擦拭；

⑤不要随意用力转动准焦螺旋和转换器。

（三）望远镜

1. 主要用途

通常用来户外观察，如在野外观察鸟的行为等。物理科技活动中也用于观察远处物体，测量其距离。

2. 使用方法和注意事项

①望远镜一般是双筒，调节焦距的旋钮位于中央；

②使用时，手持望远镜，对准远处要观测的物体，调节中央的旋钮，直到视野中的图像最清晰为止；

③镜头为精密光学镜片，勿手触，如有脏污，用干净的镜头纸擦拭。

（四）载玻片和盖玻片

1. 主要用途

通常用来制作装片和切片，如制作洋葱内表皮鳞片细胞的临时装片等。

载玻片

2. 使用方法和注意事项

①载玻片用来托载标本，为普通的玻璃片，呈长方形，使用时通常用大拇指和食指拿着短边两侧；

②盖玻片用来盖住标本，为小而极薄的玻璃片，呈正方形，易碎，通常用镊子轻轻夹取。

（五）解剖刀、解剖剪、解剖针

1. 主要用途

生命领域实验用，常用于切割、剪开、分离生物体的一部分。

2. 使用方法和注意事项

①不同类型的刀、剪、针有不同的用途和使用范围；

②使用后应及时洗净并擦干；

③使用过程中注意安全，避免伤及皮肤。

（六）电子目镜

电子目镜是一种光电显微转换装置，是为光学显微镜图像数字化成像而研制的，可以应用在任何光学显微镜及望远镜中，给科学实验观测带来了极大的方便。根据采用的图像传感器不同，分为 CCD 和 CMOS 两种。CMOS 图像传感器成本较低，大量应用在智能手机中。

电子目镜

使用前，先在电脑端安装驱动及应用软件。使用时，电子目镜的图像通过 USB 数据线传输至电脑实时显示，并可以随时抓拍图像，录制实验过程。目前比较先进的电子目镜不但具有实时传输图像功能，还能脱机工作，自带屏幕，图像数据存储在本地内存卡中。

第四节　科学实验之地球与宇宙领域实验仪器及工具

（一）天文望远镜

1. 主要用途

通常用来观测天体，包括观测太阳黑子、月球环形山、星座等。

天文望远镜

2. 使用方法和注意事项

①使用前要进行正确的组装；

②安装在视野开阔、安全系数较高的场地；

③晚上观测前，固定好望远镜，准备好星图；

④先用寻星镜中对准观测目标，让视野中出现观测目标，然后调节目镜调焦旋钮，直至主镜中出现清晰图像为止。

（二）天球仪

也叫天体仪，是天球的模型，科学课程中用于天文教学。

1. 主要用途

利用它模拟天球的各种坐标、运动等。能够演示地球的自转、公转、日出日落、节气变化、日月星辰运动规律等。

天球仪

2. 使用方法和注意事项

①天球仪上有一根轴通过球心，贯穿整个球体，轴两端为天球的南极和北

极，转动时注意用力均匀；

②使用时注意，天球仪上的星象和我们在地球上看到的天空中的星象相反。

（三）三球仪

用光学及机械运动原理制成的一种演示日、地、月三者之间关系的一种仪器。

三球仪

1. 主要用途

①用来演示太阳、地球、月亮的空间相对位置及运动规律；

②演示日食、月食、昼夜等现象；

③解释一些自然现象。

2. 使用方法和注意事项

①打开三球仪开关，"太阳"内的灯点亮，演示太阳发光；齿轮带动"地球"围绕"太阳"开始旋转，演示地球绕太阳公转；"地球"在皮带轮带动下转动，演示地球自转，昼夜交替；"月球"在齿轮带动下，绕"地球"旋转，处于不同位置，演示月圆和月缺；当"月球"正好运行到"太阳"与"地球"之间，且在同一直线上，遮挡"太阳"时，演示形成日食；当"月球"运行到"太阳"与"地球"之后，且在同一直线上，光线被"地球"遮挡时，无法到达"月球"，演示形成月食。

②演示时，尽量降低室内亮度，如拉上窗帘、关闭室内照明灯；

③控制转动速度，速度不宜过快；

注意皮带及齿轮系统的日常维护与保养。

（四）地图与指南针

1. 主要用途

地图有很多种，科技和国防教育常用等高线地图，用不同的色系代表地物、地貌、地形等信息，和指北针（指南针）配合，能够确定人员所在的地理位置、判定行进方向、测算距离、寻找最佳路线等。

2. 使用方法和注意事项

①注意地图的比例尺；

②标定地图，确定磁北线方向；

③根据地图，判断自己所在位置（我在哪儿）；

④判断所要到达点的位置（要去哪儿）；

⑤根据地图信息，运用指北针，分析如何到达目标点（如何到达那儿）；

⑥注意选择最佳路线。

（五）星图

1. 主要用途

是一种形象记录恒星、行星的图集，天文学上用来认星的重要工具，通常用于观测、辨认不同季节出现的著名星星和星座。

2. 使用方法和注意事项

①选取四季星图或活动星图。四季星图为季节星图，分春、夏、秋、冬四张，对应不同季节；活动星图为全年星图，可表示全年星星变化；

②使用时根据时间、地点的不同，利用北极星定位，选取不同的星图；

③观测地点尽量在远离城市的农村、旷野，背景较暗，无云雾等遮挡；

④观测时间一般选在晴朗无月的夜晚。

附：电子星图

星图软件是一款非常有趣的手机观星软件，安卓版为用户展示太阳系所有的行星，让你能够随时欣赏到美丽的星空，只需要简单动动手指，太空尽在掌握。星图 App 软件对每一个星座、星象的具体位置、形状等都有很具体的文字和图片描述，值得一看。下载 App，安装时按照说明即可。电子星图具有如下功能：

支持任意方向查看星图；

显示太阳系中八大行星，以及流星雨、彗星、卫星等；

显示星座较全，附有 88 个星座并有精美星座图像；

显示星星数量众多，准确地描绘了南北半球所有可见的 12 万颗以上的星星；

具有距离和亮度显示功能，点击星图上的任意星星，都能显示真实的距离和亮度；

具有强大的变焦功能，能够通过手机屏幕查看到肉眼不能查看的星空；

具有自定义的功能，可以筛选显示感兴趣的内容；

具有查看地平线以下的星空功能，可以随时查看太阳在什么地方；

具有手动设置位置功能，可以模拟世界任何地方看到的星空的情况。

星图软件截图

附：西湾仰望者 150EQ 介绍

西湾仰望者 150EQ 是一款物美价廉的天文望远镜。主镜口径：150mm；主镜焦距：750mm；光学系统：反射式；光学镀膜：铝膜；目镜：PL25mm、PL12.5mm；寻星镜：电子红点寻星镜；基座：德式 CG-3 赤道仪；三脚架：不锈钢脚架；焦比：F5；集光力：459X；分辨率：0.92 角秒 /0.76 角秒；极限星等：13.4；最高有效倍率：354X。

安装步骤

①展开三脚架

从包装中取出三脚架，拧松三脚架锁紧旋钮，将三脚架拉伸到合适的高度，拧紧固定，最后张开三脚架于地面上。

②安装附件盘

取出附件盘，将附件盘对准卡口放置进去，旋转附件盘（顺时针或逆时针），将附件盘三个角卡紧即可。

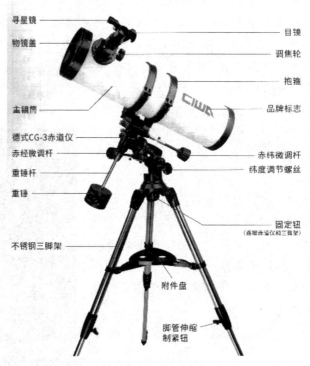

西湾仰望者 150EQ 结构示意图

③安装赤道仪

取出赤道仪，将赤道仪置入三脚架，拧紧固定钮。

④安装仰角（纬度）调节螺丝

取出螺丝，对准螺口拧入螺丝。

⑤安装重锤

取出重锤和重锤杆，将重锤杆穿过重锤，拧紧重锤杆，最后把重锤上的螺丝拧紧，固定重锤。

⑥赤道仪调节旋钮安装

标配2个微调杆，尺寸大小一致。安装微调杆时，螺丝和凹槽的方向要一致，然后拧紧螺丝固定。

⑦安装镜筒

将镜筒嵌入赤道仪上的卡槽，然后拧紧螺丝固定。

⑧安装寻星镜、目镜

⑨安装附属拍摄装置

连接单反相机

先将卡口卡在相机身上，然后把接插卡口拧在卡口上，最后把接插卡口装入调焦筒，拧紧调焦筒上的螺丝。

连接电子设备（电子目镜、手机非标配）

这样可以实现多人共同观测，大大提高了观测的共享性及便捷性。尤其现在的手机像数越来越高，越来越受到广大群众的青睐。但由于手机无法长时间曝光，所以比较适合拍风景和比较明亮的星体（如月亮）。

赤道仪示意图

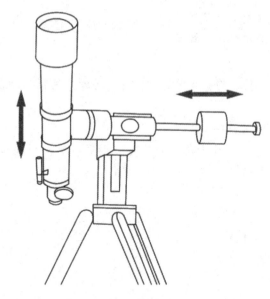

重锤调节示意图

①将手机支架固定到目镜上；

②夹紧手机，调整手机位置，将镜头对准目镜，拧紧固定；

③安装完成。

反复调节重锤、主镜的位置，使望远镜在赤经、赤纬调节中保持平衡。

保养与维护

合理维护望远镜可以让望远镜保持很长的使用寿命。不用的时候请将望远镜保存在通风、干燥、干净、温度适宜的地方，并且注意灰尘对镜头的影响，注意防尘。不要将望远镜长期放在户外。

将望远镜存放在车库或者储物间里都没有问题，但小配件，如目镜、天顶镜这些应该保存在一个保护盒里；寻星镜和主镜不使用的时候盖好物镜盖，并把镜筒斜向上。

镜头的清洁

光学透镜和光学镜头清洁液可以用来清洁物镜和目镜的暴露镜头，注意不要使用常规玻璃清洁剂或眼镜清洁液清洁。首先用气吹将镜头上的较大颗粒物及粉尘等污垢去除，再将清洁液喷于擦镜布上，将擦镜布对折一次，圆周运动轻轻擦拭镜头。若有指纹和污渍也可以使用这种方法，使用时需谨慎——摩擦太大会划伤镜片。清洁一个小的区域，可使用洁净的擦镜布或擦镜纸擦拭。

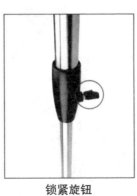

收拢的三脚架　　　　　　锁紧旋钮　　　　　　打开的三脚架

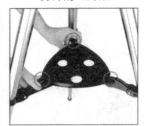

附件盘　　　　　　安装附件盘　　　　　　锁紧附件盘

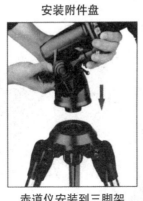

待安装的赤道仪　　　赤道仪安装到三脚架　　　赤道仪的固定

仰角调节螺丝　　　　　　调节螺丝的安装

重锤及附件

重锤调节

重锤的固定

赤道仪调节旋钮安装

赤纬微调

赤经微调

镜筒安装示意图 a

镜筒安装示意图 b

寻星镜的安装

目镜的安装

组装好的天文望远镜

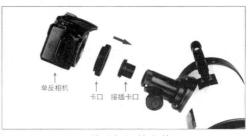

单反相机　卡口　接插卡口

单反相机的安装

将另一端的
USB接口连
接电脑

电子目镜的安装

手机支架的安装 a

手机支架的安装 b

手机支架的安装 c

第五节　科学实验之工程与技术领域工具

一、科技活动常用材料

（一）卡纸

通常把质量大于 $200g/m^2$ 的厚纸称为卡纸，卡纸在学校科技活动制作中被广泛采用，是一种最基本、最简便的材料。纸面细致平滑，坚挺耐磨，可以折叠、剪裁、粘接，具有较强的可塑性。

优点

适用范围广，色彩多样，易折叠、剪切、粘接，方便加工，可做明信片、贺卡、请柬等，表现力强。

缺点

价格较高，吸湿性强，受潮易变形。

（二）PVC 板

通常用来制作教具、外壳、面板等。

PVC 硬板常用厚度为 0.5 ～ 30mm。硬板具有硬度大、强度大、表面光洁平整、不吸水、易加工、不变形等特点，而且化学性质稳定，耐腐蚀、耐老化、耐火阻燃。

PVC 透明板常用厚度为 2 ～ 20mm。透明板具有强度高、透明度好、物理性能优于有机玻璃等特点，可广泛应用于教具护板、内饰、操作显示面板等。

PVC 软板常用厚度为 1 ～ 10mm。软板具有柔软耐磨、耐腐蚀、耐低温、耐拉扯，可焊接等特点，物理性能优于橡胶等卷材。

（三）三合板

一般是三层胶合的厚夹板，正好 3mm 厚，最外层是整张带木纹薄板。

材料特性

容易切割和粘接，不易变形，不易断裂，容易着色、桌面美观，但怕潮湿，面积稍大时易变形。

三合板

（四）胶合板

由多层 1mm 左右的实木单板或薄板胶贴后，热压而成。

科技活动常用的有三夹板和五夹板。

材料特性

稳定性好，结构强度高。

胶合板

（五）KT 板

由聚苯乙烯颗粒经过发泡生成板芯，再把表面覆膜压合而成的一种新型泡沫制品，可广泛应用于展板、航模制作等领域，具有美观大方、方便轻捷、经济实惠等特点，备受欢迎。

材料特性

根据生产工艺可分为冷板和热板，冷板比热板更容易起泡。板体轻盈，不易变质，易于加工。

由于 KT 板是一种泡沫制品，故没有重量感，适宜制作遥控纸飞机，应用详见后面遥控纸飞机制作章节。

KT 板

（六）聚苯乙烯泡沫板

在模具中加热可发性聚苯乙烯颗粒，经预发、成型而成的板材，具有质量轻、强度较高、耐高低温（-45℃ ~ +80℃）等特点，一般常用电热丝切割后制作航模。

聚苯乙烯泡沫板

（七）吹塑纸、海绵纸、皱纹纸

三者都是科技制作使用的材料。吹塑纸表面有丝光，有各种颜色，质地较软，在表面划过易留下划痕，脆、薄，不宜着色，不能用胶粘接，可制作出丰富多彩的版画效果；海绵纸柔韧性强，质量轻，密度好，富有弹性，颜色丰富多彩，品质稳定，能吸收和分散外来的撞击力；皱纹纸是以一定质量性能的原纸，加工起皱而成的纸张，具有色彩鲜艳美观、皱纹匀整细腻、富有弹性、伸长率高等特点。

（八）瓦楞纸板

又称波纹纸板，是一种在瓦楞芯的一面或两面粘有盖面纸的纸板，通常用于科技制作中的手工制作。

皱纹纸　　　　　　　　　　海绵纸

材料特性

具有三角型结构，因此有较好的强度和挺度，同时具有较好的弹性和延伸性，耐压，抗冲击，缓冲抗震。

瓦楞纸板搭建的楼阁　　　　　瓦楞纸板　　　　瓦楞纸板搭建的喵星人的家

（九）有机玻璃板

有机玻璃板是一种通俗的名称，化学名称叫聚甲基丙烯酸甲酯（简称PMMA），它是高分子人工合成材料，广泛应用于模型、教具制作上。

材料特性

①透明性好。有机玻璃是目前最优良的高分子透明材料，透光率达92%，比玻璃的透光度高。

②高强度性。有机玻璃是长链的高分子化合物，抗冲击和抗拉伸能力比普通玻璃高7～18倍。

③质量轻。有机玻璃的密度为 $1.18kg/dm^3$，其质量为普通玻璃的一半。

④容易加工。薄有机玻璃不但能用钩刀进行切割，也可以用小车床、铣床、手电钻进行钻孔，还可以用雕刻机雕刻，而且容易粘结成不同作品。

（十）胶黏剂

胶黏剂是能把两个物体牢固地胶合起来的一类物质，简称"胶"。

科技制作中用得比较多的有固体胶棒、胶水、胶带、502胶水、乳白胶、环氧树脂胶等。

二、科技制作常用工具

（一）锉刀

锉刀是一种用于锉磨工作的小型生产工具，制造工艺是用碳素工具钢经热处理后，再将工作部分淬火制成。

已出土的公元前1500年左右埃及的青铜制锉刀是目前发现的最古老的锉刀。

科技课常用锉刀按照用途，可分为小型锉、木锉、整形锉、异形锉。

按剖面分，可为扁锉、圆锉、方锉、半圆锉、三角锉、菱形锉等。详见表1。

各型锉刀

表1　常见锉刀类型及用途

锉刀类型	用途
扁锉	锉平面、外圆面、凸弧面
方锉	锉方孔、长方孔、窄平面
圆锉	锉圆孔、半径较小的凸弧面、椭圆面
半圆锉	锉凸弧面、平面
刀锉	锉内角、三角孔、窄槽、楔形槽、长方孔内平面
三角锉	锉内角、三角孔、平面
椭圆锉	锉内外凹面、椭圆孔、边圆角、凹圆角
菱形锉	锉齿轮轮齿、链轮
圆肚锉	锉厚层金属（是最厚的锉）

按锉纹密度，可分为粗齿锉（Ⅰ号）、中齿锉（Ⅱ号）、细齿锉（Ⅲ号）、油光锉（Ⅳ号和Ⅴ号）。

科技课常用小锉刀的握法

右手拇指放在锉刀木柄上面，食指伸直，靠在锉刀的刀边，左手1～2根手指压在锉刀中部。

什锦锉的用法

拇指放在锉刀手柄下面，食指伸直放在锉刀上面，中指弯曲靠在手柄根部。

（二）砂纸、砂带机、砂光机、砂轮机

砂纸、砂带机、砂光机、砂轮机都是来研磨的工具。

（1）砂纸俗称砂皮，通常是把各种研磨砂粒胶粘在原纸上制成。砂粒的作用是研磨，用来研磨金属、木材等表面，使其表面光滑平整。

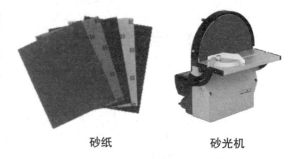

砂纸　　　　　　砂光机

研磨砂粒的大小决定了研磨表面的光滑程度，越细研磨得越光滑。砂纸的标号越大越光滑，标号越小越粗糙。常用的有 400#、600#、1000#、1200#、1500#、2000# 等。根据研磨物质的不同，可分为金刚砂纸、人造金刚砂纸、玻璃砂纸等。打磨木、竹器表面通常用干磨砂纸（木砂纸）。打磨金属或非金属工件表面通常要加水或加油，采用耐水砂纸（水砂纸）。

（2）砂带机和砂光机都是用高速旋转的电机带动砂带环或者砂光片，从而实现快速研磨的目的。砂带机用于粗磨，砂光机用于细磨。

（3）砂轮机是进行磨削、去毛刺及清理工作的电动打磨工具，科技制作用小型砂轮机打磨小零件。它主要由底座、电动机、砂轮、保护罩组成。操作要领及注意事项参见砂带机，需要特别强调的是，砂轮机转速非常高，一定要遵守安全操作规范。

砂轮机　　　　　　砂带机

（三）剪刀、美工刀

剪刀是切割片状或线状物体的双刃工具，两刃开合。

美工刀也叫壁纸刀，多由塑柄和刀片两部分组成，为抽拉式结构，通常用于美术和手工艺品制作，主要用来切割质地较软的东西。由于使用了多段式刀片，使用时可以用克丝钳掰掉不锋利的一段，保证刀口锋利度。

美工刀

（四）钳子

钳子一般由碳素钢材料制成，用来夹持、固定加工工件，或者用于弯曲、剪断金属丝线。科技活动中常用的有克丝钳、尖嘴钳、水口钳、剥线钳等。

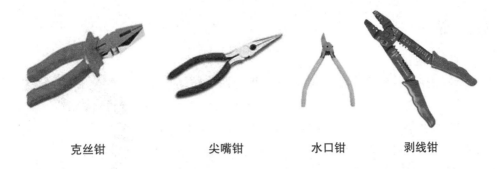

克丝钳   尖嘴钳   水口钳   剥线钳

（五）玻璃刀

是一种切割玻璃的工具，通常用金刚石或合金材料制成刀尖，使用时要握准、拿稳，用力轻重均匀。

（六）锯

用来把加工工件锯断或锯割开口的工具。科技制作中常用的锯子有钢锯、木工锯、拉花锯、曲线锯等。曲线锯是人们为了提高工作效率而制造的一款电动工具，由电动机、减速机构、往复机构、平衡机构、调速机构等组成，主要工作原理是电机通过减速机构减速，带动往复机构及锯条往复运动，实现锯割的功能。本书后面章节以 DSH 曲线锯为例做了介绍。

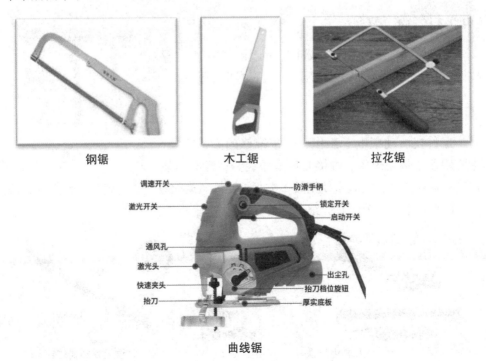

钢锯   木工锯   拉花锯

曲线锯

（七）钻

1. 手电钻

是一种手持钻孔工具，靠电动机驱动钻头转动点而工作。

手电钻

世界上第一台电动工具是由德国泛音公司（FEIN）发明的，该公司也是全球上第一家专业电动工具生产商，由威廉·埃米尔·泛音（Wilhelm Emil Fein）于1867年创建，他的儿子Emil Fein于1895年发明了世界上第一台手持式电钻。使用手电钻时要注意用电安全，加工时要固定好加工件，避免加工过程中脱落伤人。

2. 钻床

详见本书后面章节介绍。

（八）台钳

台钳，又称虎钳、台虎钳。用来夹持固定待加工件。科技活动中用得比较多的是万向台钳。雕刻机要用到精密台钳，详见雕刻机使用部分介绍。

万向台钳

（九）打气筒、气泵

打气筒和气泵用来注入或补充一定压力的空气，科技活动中用于水火箭压力舱增压、补充喷笔的气源等。

（十）电烙铁

是科技活动中电子制作、焊接维修的必备工具，主要用途是融化焊丝、焊接元件及导线。通常有内热式和外热式两种，实验室使用较多的是外热式长寿烙铁。具体使用方法及注意事项，详见本书"部分工具介绍"章节。

打气筒

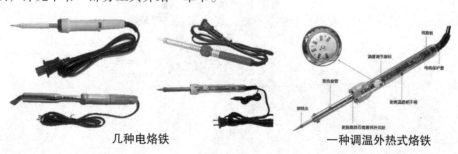

几种电烙铁　　　　一种调温外热式烙铁

（十一）电动机

电动机（俗称"马达"）是一种把电能转换为机械能的电磁装置，在电路中用字母 M 表示。它作为各种机构的动力源，利用电能做功产生驱动转矩。电动机主要由定子、转子及附属机构组成。根据电动机的结构和工作原理，可以将电动机分为有刷电机和无刷电机。无刷电机根据转子位置，又分为内转子无刷电机和外转子无刷电机。科技活动中使用比较多的直流小电动机是有刷电机，模型上常用的高速电机是外转子无刷电机。

1. 直流小电动机

直流小电动机是外接直流电后，电机正常转动的小型装置。科技活动中，当我们把它作为电动机使用时，它把电能转换为动能，驱动齿轮旋转；当我们把它作为发电机使用时，它把动能转换为电能，驱动 LED 发光。

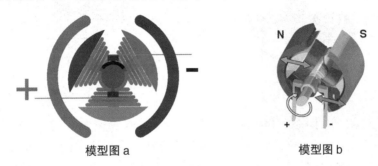

模型图 a　　　　　　　　　　　模型图 b

上图为直流电机的模型示意图，由磁铁（主磁极）、电刷、翼状铁心、绕在铁心上的线圈、换向器等组成。

直流电动机转动的原理可用左手定则解释。通电导体在磁场中受到磁场力的作用，力的方向垂直于导线，根据左手定则，磁力线穿过掌心，大拇指指向力的方向。直流电动机的线圈通电后，转子线圈中有电流通过，线圈在磁极的磁场

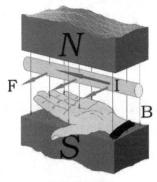

导体受力判断

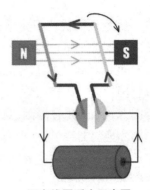

通电线圈受力示意图

作用下，发生了偏转；当转过一定角度，换向器铜片脱离原来接触位置，重新接入电源电路，线圈中的电流方向发生了变化，新产生的磁场力推动转子线圈继续旋转。电机在工作时，线圈和换向器固定在一起同时旋转，而磁铁的磁极和电刷（碳刷）不动，随电机转动的换向器整流片电极和不动的电刷交替接触，从而不断改变线圈电流方向，使得线圈（转子）持续转动下去。

直流电机的设计中，如果采用两个线圈（两极），在静止状态时，线圈与磁场平衡，线圈产生的转动力矩无法克服磁场的作用力，转动不起来，除非使用外力破坏这种平衡。所以实际制作的电动机通常采用 3 个电极，见下图。

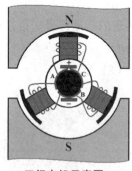

三极电机示意图 a

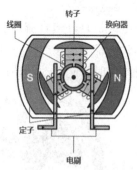

三极电机示意图 b

这是一款 3V 小电机从电刷端看过去的示意图。图中标有"+"和"−"符号的两个长条表示电刷，分别接电源的正极和负极。包围中心的三个弧形片 A、B、C 是整流片（换向器）。三个绕组绕向相同，头尾相接并接到三个整流片上。图中"+"电刷恰与 A、C 整流片同时接触，故上面绕组两端没有电压。左下绕组中电流方向使得该磁极为 S 极，右下绕组中电流方向使得该磁极为 N 极，左下磁极与下定子相斥，右下磁极与下定子相吸。因此转子受顺时针力矩作用，将顺时针旋转。其后"+"电刷与 C 整流片脱离，左下绕组电流方向不变，上面绕组和右下绕组串联接入电源，上面绕组电流方向使上面磁极为 N，与上定子磁极相排斥，右下绕组磁极仍与下定子磁极相吸引。依次类推，转过 120° 后，转子继续受到新的磁场力作用，继续旋转下去。

直流小电机具有非常悠久的历史，是目前市场占有率最高的小电机。这种电机具有物美价廉、结构简单、容易维护等优点，所以在初级电动玩具上应用较多。不过因为其结构工艺原因，缺点也比较突出：

①电刷和换向器接触供电，转换过程中会产生火花，引起广谱的电磁干扰；

②结构复杂、转子供电靠摩擦接触，转动过程噪声大、电刷和换向器容易损坏，可靠性差、故障多，电机寿命短。

③使用电刷和换向器，导致转子转速无法太高，影响了小电机的动态性能。

2. 模型用无刷电机

无刷电机顾名思义就是不使用机械的电刷加换向器结构，采用的是 PWM 控制方式，以强磁钕铁硼材料作为转子的材料，用霍尔传感器检测磁通量的变化，判断转子位置，从而控制不同位置的线圈电流通断，取代了碳刷电刷加换向器的换电模式，是航模界中除了有刷电机之外用得最多的一种电机。无刷电机在性能上比传统直流电机有很大的优势，具有能耗低、转换效率高、低噪音、寿命长、调速方便、性能可靠等优点，缺点是目前价格比较昂贵、维护维修不易、必须配置电调控制，可以广泛应用于航模、高速车模和船模。无刷电机的定子由多个扇形排列的线圈及硅钢片构成，用来产生旋转磁场，能够驱动强磁转子高速旋转；而转子主要由钕铁硼磁铁、转轴构成，转轴固定在轴承上及支撑件上，在定子旋转磁场的作用下持续旋转。

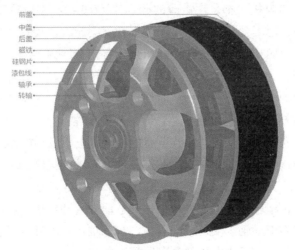

前盖
中盖
后盖
磁铁
硅钢片
漆包线
轴承
转轴

无刷电机的结构

（1）无刷电机的结构

无刷电机的整体结构件包括前盖、中盖、后盖，因外转子无刷电机的外壳必须是磁铁的磁路通路，所以无刷电机的外壳采用的是导磁性物质。内转子的外壳因只作为结构支撑件，所以可用非导磁材料。

磁铁：是无刷电机的重要组成部分，通常胶粘安装在转子上，磁铁决定了无刷电机的功率、转速、扭矩等性能参数。

钕铁硼磁铁作为"磁王"，几乎在航模界的无刷电机中 100% 使用，钕铁硼磁铁是普通铁氧体磁铁磁性的 3 倍多，能达到 3500 高斯，所以钕铁硼磁铁被冠以"磁王"的称号是当之无愧的。无刷电机终归属于永磁电机，磁铁的体积与型号决定了电机的最大功率。

硅钢片：是有槽无刷电机的重要组成部分，当然，无槽无刷电机是没有硅钢片的，但是目前绝大多数无刷电机都是有槽的。硅钢片在整个定子中主要是作为磁力线的良好通路，降低磁阻。空气是弱导磁的物质，硅钢片相当于给磁力线"搭建桥梁"，让磁力线不受阻力或少受阻力。为什么定子上面是由一片一片彼此绝缘硅钢片压紧在一起构成的？想想电磁炉的原理，为什么铁锅放在电磁炉上面就会发热，陶瓷锅就不能发热？这是因为类似于铁这样的材料放在快速变化的电磁场中（50Hz 交流电，一秒钟变换了百次方向，瞬间变换）会产生涡流损耗，等同于电流在锅体金属中短路，所以锅体发热，并且频率越高发热量越大。硅钢片放在旋转磁场当中，和铁锅放在电磁炉上是一样的道理，解决的办法就是往钢里添加硅，并且做成一个个薄片，彼此绝缘，越薄的硅钢片越不容易产生涡流，因此损耗就越小。所以普通的固定翼电机大都是比较厚的硅钢片（0.35 mm），而直升机和涵道机电机大都采用更薄的硅钢片（0.2 mm）。电机转速越快，PWM波控制频率越高，磁场变化就越快，涡流损耗就会越大。现在大多数的高速电机都使用了 0.2 mm 厚的硅钢片，这样做成的电机涡流损耗就会更低。

相关小知识：为什么高 KV 电机在全油门空转的情况下会发热很厉害呢？答案是：产生热量的不是线圈，因为此时通过的电流很小。产生热量的真正原因是涡流损耗和磁滞损耗，当电机完全空载时，转速非常高，定子线圈 PWM 频率也非常高，硅钢片涡流损耗增大，导致所有的损耗以电机发热的形式表现出来。

转轴：是电机转了的扭矩输出的关键部件，转轴的强度和稳定性必须满足高速旋转的需求。

轴承：是电机运转顺畅的保证，根据其运动方式和结构，可以分为滚动轴承和滑动轴承，其中滚动轴承又可以细分为深沟球轴承、滚针轴承和角接触轴承等十大类，目前大多数的无刷电机都是采用深沟球轴承。

（2）直流无刷电机的工作原理

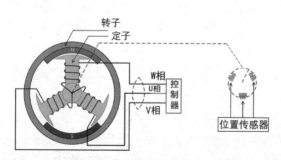

直流无刷电机原理示意图

直流无刷电机由定子、转子和控制电路等三部分组成。控制电路包含传感器和控制器，其中传感器多数由霍尔传感器构成，用来检测转子的位置变化，并把位置的信号传递给控制器；控制器根据转子位置的不同，输出特定的信号给定子线圈，让定子线圈按照一定的次序通过驱动电流，从而驱动转子按照控制信号转动起来。

概括起来，直流无刷电机是通过改变加载到无刷电机定子线圈上的电流频率和占空比，在定子线圈绕组中周围产生一个绕电机轴心旋转变化的磁场，这个旋转的磁场驱动转子上的钕铁硼强磁转动，电机就转起来了，电机的性能和转子磁钢数量、磁感强度、输入电压大小等因素都有关。

从结构上来看，无刷电机比较简单，好的电调能使其发挥最佳性能。

（3）无刷电机中的专业名词

额定电压：即电机正常工作的规定电压，虽然无刷电机可以在宽电压下工作，但是额定电压是经过工厂指定负载条件后得出的参数。例如，2212-850 KV 指的是用 1045 螺旋桨作为负载，其额定工作电压是 11 V。如果减小负载，例如带 7040 螺旋桨，那这个电机可以在 22 V 电压下工作。但是这个工作电压也不是无限增加的，主要受限于电子控制器及绕组耐压。

转速：电机每分钟转动的圈数，一般用 RPM 表示。

最大电流：在电机能够正常工作的情况下，线圈允许通过的电流最大值。

转矩：也叫作扭矩，指的是转子转动产生的能够带动机械负载的驱动力矩大小，也可以理解为电机带负载的能力大小。

最大功率：电机正常工作所能承受的功率最大值。

KV 值：无刷电机 KV 值定义为转子线圈每增加 1V，转子转速增加值的多少，单位为转速每伏（rpm/V），电机实际工作的转速等于 KV 值乘以工作电压，那么 KV 的意义就是在 1 V 工作电压下，电机每分钟的转速。例如，标称值为 1000 KV 的外转子无刷电机，在 11.1 V 的电压条件下，最大空载转速即为 11100 r/min，如果加载 22.2 V 的电压，电机最大空载转速为 22200 r/min。

同系列外形尺寸相同的无刷电机，根据转子匝数的多少，会有不同的 KV 特性。线圈匝数越多，KV 值越低，最大输出电流越小，扭矩越大；线圈匝数越少，KV 值越高，最大输出电流越大，扭矩越小。

（4）无刷电机功率和效率

电机输出功率 = 转速 × 扭矩，在功率不变的情况下，扭矩和转速成反比关系，即同一个电机，如果转速越高，其扭矩越低；如果扭矩越大，转速越低。因此，如果不更换螺旋桨，人为将电机电压升高为原来的二倍，转速提高了，但是电机可能会因为电流和温度的急剧上升而烧毁。

每个电机都有最大功率，如果超出最大功率，电机可能会因温度快速上升而烧毁。最大功率对应的是工作电流和电压的乘积，注意，最大功率是指在额定的工作电压下工作的极限值，如果功率不变，那么电压提升，电流减小。而线圈产生的热量是：$Q=I^2Rt$，线圈的发热量大小与电流的平方成正比关系，在更高的电压下，如果是同样的耗电功率，电流将下降，因此发热减少，这样电机输出的功率增加。这就能更好地从理论上解释，为什么在专业的航拍多轴飞行器上，大量使用22.2V甚至30V的电池来驱动，因为无刷电机在高电压工作下，比低电压下工作的电流更小、发热更小、效率更高。

通常情况下，电机直径、KV值相同，电机越长，功率越大，带负载能力越强。

三、部分工具的使用及技术要领

（一）喷涂工具

喷涂工具是利用气压差把涂料呈雾状喷出，实现均匀上色目的的一种涂装工具。主要包含气泵、安全阀、喷笔。

喷笔是一种非常方便的喷涂工具，外型类似于戴着"外置容器"的大号自来水笔，可以制作出明暗关系鲜明的层次效果，突出立体感。与上色笔相比，可以更细微、更均

喷笔

匀地喷涂涂料，涂料的厚薄可以精确控制，色彩轻重、明暗等细微差别体现得更加突出，也可以大面积喷色而不会产生色差；与彩色喷漆罐相比，可以根据自己的需求和喜好，任意调配出各种颜色，色彩丰富，表现力更佳。

1. 喷笔的结构与原理

简单来说，按下阀门按钮，打开气阀，泵内高压空气喷出，并冲向喷笔喷口处，这时按住按钮不松开，往后轻拉，喷针后移，喷嘴与喷针之间出现了细小空隙，涂料在通过间隙时，被高压喷出的空气吹成雾状颗粒，最后喷射在工件表面。从示意图中可以看出，通过控制压缩空气的喷出量以及喷针与喷嘴间隙的大小，就能改变喷涂的笔迹粗细、厚度。

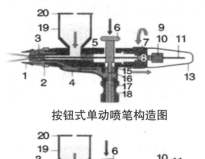

按钮式单动喷笔构造图

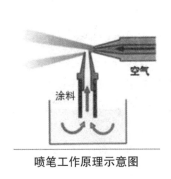

喷笔工作原理示意图

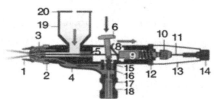

按钮式双动喷笔构造图

喷笔的构造

1 喷针帽 2 喷嘴帽 3 喷嘴 4 喷笔身 5 喷针垫圈 6 阀门按钮 7 刻度盘（单动喷笔） 8 喷针阀杆 9 喷针弹簧 10 喷针拉锁螺钉 11 喷针 12 喷针固定螺丝 13 笔尾帽 14 喷针后拉调节阀 15 空气气阀圆环 16 空气活塞 17 空气气阀 18 空气管 19 涂料杯 20 涂料杯盖

　　我们在模型制作中多用到的是按钮式双动喷笔。

　　选购喷笔要注意，喷嘴的口径决定了笔迹的粗细。喷针就是从喷嘴口伸出或拉缩。通常的喷笔喷口孔径有 0.2 ~ 0.5 mm 的不同规格，口径越大，单位时间喷出的涂料越多，喷涂面积就越大。模型制作建议用 0.3 mm 和 0.5 mm 两种规格。使用喷笔的时候要注意握笔方式，按钮式双动喷笔的握笔法如附图所示，有食指按键、拇指按键及拇指食指配合按键等操作方式。

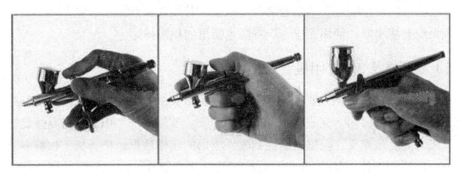

喷笔的握笔方式

　　在进行喷涂前需要把涂料稀释，可采用稀释液稀释。不同浓度的涂料产生的效果不同，喷涂时要根据实际情况，综合考虑天气情况、气泵气压、喷涂面积、喷涂距离、移动速度等与喷涂浓度之间的关系，学会调整适合的涂料浓度，喷涂工件。

在喷涂结束后，为防止涂料堵塞喷嘴，保护喷笔，需要把残留的涂料清理干净，并且清洗喷笔。最简单的方法是用清水反复清洗，为了达到最佳效果，可用稀释剂或专用清洗剂，也可以用香蕉水。虽然清洗作用相同，但由于香蕉水对喷笔的胶圈有一定腐蚀作用，因此最好用稀释剂或专用清洗剂，彻底清洗。如果喷笔笔身溅有涂料，可用纸巾或棉签沾稀释剂擦拭干净。

涂料杯中残留的涂料可倒入一个干净的小瓶子，加上密封盖，避免稀释剂及水份挥发，方便下次使用。

清洗完毕，用干净的纸巾擦干杯内残留液体，如果杯壁、杯底残留干透结块的涂料，可以用棉签沾些稀释剂反复擦拭干净。

2. 注意事项

①喷针贯穿涂料杯的底部，长时间使用会有涂料在杯底部沉积，这时需要彻底清洗，可以拧下笔尾帽，旋松喷笔尾部的拉锁螺钉，把喷针小心地向后拉，直至针尖完全离开杯底后，再固定喷针拉锁螺钉。清洗杯底后，再次旋松喷针拉锁螺钉，把喷针小心地向前推入，恢复到喷嘴原来位置后，旋紧喷针拉锁螺钉，拧上笔尾帽。

②喷笔长时间使用，涂料会在喷针的上面堆积，所以需要定期对喷针进行清洗。不过取出时千万注意不要碰弯喷针前段的针头，应用棉签小心擦拭喷针，再小心地放回。

③很多喷泵带有气体钢瓶及气压调节阀，要注意调节到合适气压；关闭气泵后依然有压缩气体，应喷涂结束，将阀门打开，把气体完全放出。

④长时间使用喷笔，气泵容易产生水滴，特别在炎热潮湿天气尤为明显。很多气泵配有滤水器，使用完毕，应将滤水器里的积水排净。

（二）雕刻机及 3D 打印机

雕刻机和 3D 打印机都是利用先进的数字技术，精确控制工作部件在三维甚至多维角度精密移动，完成雕刻或者打印功能。雕刻机的工作部件为高速旋转的刀具或者高能激光头，根据电脑控制软件输出的建模数据，把待加工物料多余的部分一层层切削掉；3D 打印机则是按照计算机控制软件输出数据，把产品一层层"堆叠"起来，可用于打印的介质很多，从塑料、橡胶到金属、陶瓷类物质均有。在科技制作中，它们发挥了重要作用。

雕刻机

1. 主机结构

本节以国产晶研 CNC 雕刻机为例，介绍结构、操作、设计、加工流程，旨在让同学们通过本单元的学习，掌握操作要领，能够设计、加工工件。

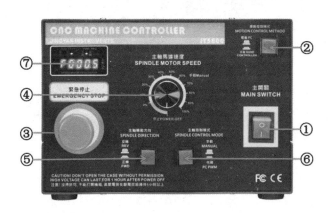

控制箱

表 2　控制箱按键名称及功能

标号	按键名称	按键功能
①	电源开关按键	控制控制箱的通电
②	手轮 / 电脑模式切换按键	切换手轮模式控制和电脑模式控制
③	急停按键	遇到紧急情况时按下机器会立即停止
④	主轴调速旋钮	调节主轴的开关及主轴转速
⑤	主轴手动 / 电脑控制按键	可切换主轴速度的调整模式为手动或代码调速
⑥	主轴正反转按键	切换主轴的正转和反转的状态
⑦	主轴状态面板	可显示主轴的状态和主轴频率

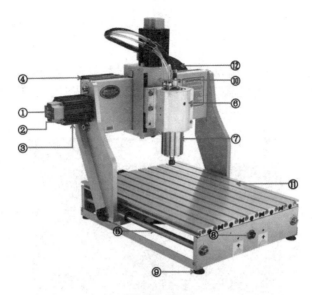

雕刻机主机

表 3 雕刻机主机各部件名称及功能

标号	部件名称	部件功能
①	磁编码器	控制步进电机电流同时起到行程限位的作用
②	步进电机	XYZ 轴各一个，用于控制该轴的移动
③	电机散热器	给步进电机散热降温
④	水冷系统	给主轴电机散热降温
⑤	光轴	起到承重和导轨的作用
⑥	主轴座	主要用于固定主轴电机
⑦	主轴	装夹刀具，高速转动对工件进行切削
⑧	防松螺母	防止丝杠 F6000 轴承在运动中掉出
⑨	缓冲垫	加工震动缓冲，机器平稳调节
⑩	丝杠	机器的传动单元，将步进电机的转动变为轴的移动
⑪	T槽台面铝	由多块台面铝拼接而成，用于放置和固定工件
⑫	拖链	包裹连接线和水管，防止加工产生干涉

手轮

表 4　手轮部分按键名称及功能

按键	按键功能	按键	按键功能
X	切换至 X 轴，长按可使 X 轴进入匀速模式	SPIN ON/OFF	MPG 模式下开启/关闭主轴功能，长按可调屏幕亮度
Y	切换至 Y 轴，长按可使 Y 轴进入匀速模式		自动对刀功能，长按可设定对刀块高度
Z	切换至 Z 轴，长按可使 Z 轴进入匀速模式	M	返回机床原点，长按可切换公英制
A	切换至 A 轴，长按可使 A 轴进入匀速模式	OUT1	控制输出继电器的开关，长按可设置 A 轴减速比
=0	清零功能，长按可设置驱动器电流和细分比	▶	MPG 模式下开始与暂停程序运行功能
↙	返回原点功能，长按可设定安全高度	RESTART G CODE	MPG 模式下返回程序开头功能，长按可开启/关闭 MPG
÷2	分中功能，用于分中对刀	MEMORY	记忆功能，能记忆 4 段小程序并脱机运行
SPEED X1-20	速率切换功能，可切换移动速度	E-stop	紧急停止或解除机器当前警报状态

2. 安装

雕刻机的安装按照如下步骤。

第一步：松开机器正面的固定螺丝。为了防止机器在运输途中移动碰撞造成机器的精度出现问题，雕刻机在机器的正面安装有固定螺丝，安装前先松掉固定螺丝。

第二步：安装雕刻机主轴。由于雕刻机主轴比较重，为了防止主轴在运输过程中随 Z 轴上下移动碰撞到其他部件，主轴都会单独包装，安装时将主轴放置在下部露出主轴总长度一半位置后，用主轴六角扳手交替来回固定好即可。主轴高度可根据加工工件高度进行调整，但最低不能超过图中孔的位置，否则主轴上紧后会压坏。

最低不可超
过孔位置

主轴露出一半

第三步：连接雕刻机机架、控制箱及电脑接线（可参考接线图进行连接）。机架与控制箱之间采用航空插接线进行连接，连接时将贴有 X、Y、Z、A（需购买 A 轴）、限位、主轴、水冷（300W 风冷机型不需要接）相应标签的航空插头与控制箱后贴有相同标识的接口一一对应接好。控制箱和电脑之间采用并口线（数据传输）和 USB 线（带光耦隔离保护）两条线进行连接，务必要将两条接线都接上，否则电脑无法控制机器。然后将手轮连接手轮接线后将接口插到控制箱后手轮接口位置（有两个接口，连接其中任意一个即可），最后将电源线接上。

安装接线图

软件使用随机安装的软件即可。

3. 雕刻机的使用

（1）加工过程

第一步：用夹具将需要加工的材料固定在工作台面上。一般薄板采用双面胶固定、四六牌子采用台钳固定、异形工件采用专用夹具进行固定。

第二步：将刀具装夹到主轴电机上。装夹刀具的时候需注意装夹刀具的规格要和编程一致，刀具要用主轴扳手锁紧，刀具装夹后一定要检查刀具是否会偏摆，否则会导致加工出的产品质量差、加工时断刀等情况的发生。

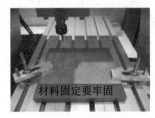
固定加工材料

安装刀具

锁紧刀具

第三步：设备初始化。在电脑上打开控制软件 Mach3，将机器电源开关开启，用手轮上的"Estop"按键解除警报状态。

第四步：用手轮进行对刀操作。将机器切换至手轮控制的状态，用手轮上的X、Y、Z 按键切换相应的轴，用手脉的正转／反转控制机器在当前轴的正／反向移动，用手轮上的"Speed"键控制移动的速度，将机器的刀尖中心移动到加工坐标原点位置（此点编程时设置，一般设定在材料的四个角或中心位置）。假如编程时我们设定的原点在材料的左下角，那么我们就用手轮将刀尖中心对准材料的左下角位置。

第五步：将机器切换至电脑控制的状态，确认软件左下角"紧急复位"没有闪动，点击"X清零""Y清零""Z清零""A清零"，点击"加载G代码"，这时会有加载G代码的弹窗，文件类型选择"All Files"后找到要加工生成的G代码加载进来，加载完成后在软件的右上角窗口会显示相应的模拟路径（若无模拟路径生成说明加载的G代码错误或不识别）。

第六步：程序读入完成后，将主轴转速调至80% ~ 100%（主轴转速根据加工材料来设定），然后点击"循环开始"，机器就进行加工了，加工过程中如果需要调整加工的速度，可以通过拉动进给栏的柱状条来控制。

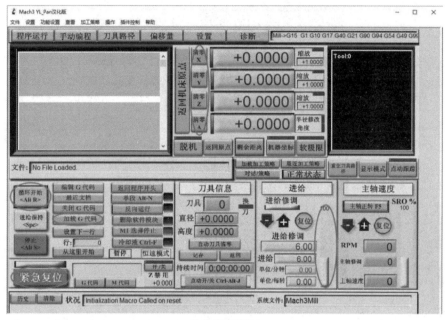

软件设置界面

（2）雕刻刀具的选择

雕刻机的刀具通常由刀刃和刀柄构成，刀柄是夹持的部分，没有切削能力，刀刃是指有切削能力的部分。常用刀具分为铣刀类、雕刻刀类、钻头类、倒角刀类、球刀类。

常用刀具参数构成：

铣刀参数构成：柄长+刀柄直径+刃长+刀刃直径。

雕刻刀参数构成：柄长+刀柄直径+刃长+刀刃锥度+平底直径（球形半径）。

钻头参数构成：柄长+刀柄直径+刃长+刀刃直径。

倒角刀参数构成：柄长+刀柄直径+刃长+刀刃锥度。

球刀参数构成：柄长+刀柄直径+刃长+刀刃球形半径。

表 5　常用刀具类型列表

刀具类型	刀具名称	刀具图片	刀具功能	常用规格（mm）
铣刀类	玉米铣刀		主要用于耐高温塑料、木头等非金属材料的铣槽	刀柄常用规格：3.175 和 4 刀刃常用规格：0.6 ~ 3.175
	单刃铣刀		用于塑料、铜、铝合金等材料的切割、铣边	刀柄常用规格：3.175、 刀刃常用规格：1、2、3
	双刃铣刀		用于塑料、铝合金等材料的切割、铣边、铣槽	刀柄常用规格：3.175 和 4 刀刃常用规格：1、2、3、4
	三刃铣刀		加工铝合金、铜等材料，铣槽、铣边，也可以用于非金属电木、塑料等加工	刀柄常用规格：4 和 6 刀刃常用规格：1、1.5、2、2.5、3、3.5、4、5、6
	四刃铣刀		用于铁等材料的铣槽、铣边等	刀柄常用规格：4 和 6 刀刃常用规格：1、1.5、2、2.5、3、3.5、4、5、6

刀具类型	刀具名称	刀具图片	刀具功能	常用规格（mm）
雕刻刀类	平底锥度雕刻刀		一般用于雕刻PCB板雕刻、金属刻字、浮雕工艺品加工等	刀柄常用规格：3.175、4、6 刀刃常用规格：20°（0.1、0.2、0.3）30°（0.1、0.2、0.3、0.4）
钻头类	高速PCB钻头		适合做PCB板钻孔，或者塑料等钻孔，大一点规格也可以钻铝合金材料	刀柄常用规格：3.175 刀刃常用规格：0.3～3、4、5、6
角刀类	木工倒角刀		用于木制材料的倒角	刀柄常用规格：6 刀刃常用规格：60°
	金属倒角刀		用于金属材料的倒角	刀柄常用规格：4 刀刃常用规格：90°、120°

续表

刀具类型	刀具名称	刀具图片	刀具功能	常用规格（mm）
刀类	球刀		用于塑料、木头、金属等一些弧面球面的加工	刀柄常用规格：3
磨头	玉石磨头		用于玉石材料的打磨	刀柄常用规格：3

表6　常见材料加工参数

材料名称	加工参数			
	吃刀量（mm）	下刀速度（mm/min）	走刀速度（mm/min）	主轴转速（r/min）
木材	2	500	1000	20000
亚克力	1	500	800	16000
PVC	1	500	800	18000
PC	1	500	800	18000
ABS	0.5	500	800	18000
尼龙	0.5	500	1000	20000
双色板	1	500	1000	20000
电木板	1	500	1000	20000
玻纤板	1	500	1000	20000
猛犸料	0.5	300	800	20000
蜜蜡	0.5	300	800	20000

续表

材料名称	加工参数			
	吃刀量（mm）	下刀速度（mm/min）	走刀速度（mm/min）	主轴转速（r/min）
骨头 / 角	0.5	300	800	20000
铜	0.25	400	800	20000
铝	0.25	400	1000	20000
银	0.3	400	1000	20000
锌	0.2	400	800	20000
镁	0.2	400	800	20000
铁	0.1	300	600	20000
核桃	1	400	800	20000
象牙果	1	400	800	20000
菩提子	1	400	800	20000
合成石	1	200	300	20000
印章石	1	200	300	20000
鹅卵石	0.1	200	300	20000
玉石	0.1	150	300	20000
碳纤维板	0.3	400	800	20000

3D 打印机满足了个性化和少量使用的需求，方便快捷制造出所需工件、样品。对于大多数学校来说，涉及建模及后期耗材比较贵等问题。因有专门书籍讲解，故本书不做推荐介绍。

（三）砂带机、砂盘机

1. 砂带机

（1）机器安装

①打开包装，取出砂带机，核对配件；

②拆下砂盘护板两个螺丝，粘上砂盘后，安装上砂盘护板；

③把工作台面凸起卡入砂盘侧面固定孔，拧紧固定螺丝；

④观察是否和砂盘摩擦；

⑤把靠山挡板安装到砂带侧面的螺丝孔处，用内六角螺丝固定；

⑥检查挡板是否摩擦砂带，距离为 1 ~ 2mm 为佳；

⑦如果需要把工作台面固定在砂带处，可拧松砂带一头的螺丝，立起砂带机的砂带；

⑧如需调整角度，旋松固定台面螺丝，调至合适角度；

⑨更换砂带时，拉起锁紧拉杆，即可更换新砂带；

⑩更换砂带后，向内旋螺丝，则砂带移动，用手转动，直至砂带在中间为止；

⑪如果出现砂带机转动无力，拆下皮带盖板，调节内部三个螺丝，张紧皮带。

砂带机　　　　　　　　　　　　　　　　砂带

（2）作业准备

①穿好工作服，戴好防护用具（口罩、帽子、护目镜等）；

②将机器及作业场所清理干净；

③检查吸尘系统，确保吸尘系统工作良好；

④检查砂带松紧程度，调节松紧螺丝，满足加工要求；检查砂带外观，若有破损、裂纹等情况要及时更换；

⑤检查机器固定良好后，启动机器，检查各部分运转是否异常。

（3）作业程序

①启动砂带机，根据加工工件需要研磨的厚度调整砂磨量；

②工件前端与前压辊平行，放在砂带上；

③试加工无问题后正式加工；

④砂磨完毕后，关闭电机，等待机器停止转动；

⑤加工完毕后，清理砂带机上的碎屑。

（4）注意事项

①必须熟悉机器性能后才能操作；

②女生如留长发，必须把长发盘起，并戴好帽子才允许操作；

③定期检查维护。

2．砂光机

可研磨各种木材、非铁金属、钢、塑材、橡胶、软木、玻璃。本书以TG250/E 台式砂光机为例做介绍。

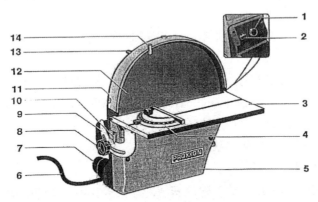

砂光机结构示意图

1 调速钮 2 电源开关 3 工作台 4 角规挡板 5 外壳 6 电源线 7 外接吸尘器接头 8 台面固定螺丝 9 台面调整刻度 10 指针 11 护盖 12 砂纸盘面 13 冷却装置固定孔 14 冷却剂软管接头

（1）安装步骤

①把砂光机固定安装到工作台上；

②松开台面固定螺丝 8，调整工作台的角度后，拧紧螺丝；

③松开护盖 11 上固定螺丝，去下护盖；

④如果用冷却装置，注意固定孔 13、接头 14 处软管；

⑤用钝刀片把砂纸剔离盘面 12；

⑥将盘面转动 180°，拉掉剩下的部分，除去旧砂纸；

⑦拉开新砂纸上一半的背胶保护膜；

⑧将另一半覆盖有保护膜的砂纸嵌入工作台 3 及盘面 12 之间；

⑨精确地将砂纸的上半部压到盘面上；

⑩将盘面转动 180°，撕掉剩下的保护膜，将剩余的砂纸压上；

⑪锁上护盖 11。

（2）操作流程

①斜角研磨 1

a. 保持台面为"0"位置；

b. 松开角规挡板 4，调整角度"45°"；

c. 拧紧角规挡板 4，即可水平加工 45° 斜角。

②斜角研磨 2

a. 旋松台面固定螺丝 8，调整台面为需要的倾斜角度，如 45°；

b. 将角规挡板 4 设定到"0"；

c. 拧紧台面固定螺丝 8，即可倾斜加工 45° 工件面。

（3）注意事项

①研磨时，将工件用较大的力量紧压在工作台上，轻轻推移工件；

②用较大的力量往工作台上压工件，用较小力量靠近盘面；

③盘面靠近重心转速低，靠近边缘转速高；

④适当时间更换砂纸，只使用状况好的砂纸；

⑤维护保养机器时，必须断电；

⑥如果研磨金属、石材玻璃等，建议安装冷却装置，用合适的冷却剂、专用砂纸，砂光机要放在收集盘中；

⑦为保证工作环境清洁，请在 7 处连接吸尘器。

（四）电烙铁的使用及焊接技术

在科技制作的电子制作环节中，锡焊焊接经常用到的一项技术在当前占有较大的比重。电子电路焊接是通过加热工具把焊锡丝融化，让流动的焊锡液包裹在元器件管脚和电路板铜箔之间，待冷却凝固后，固定并连通电子元器件与线路的一种技术。这种锡焊方法具有操作简便、拆焊技术容易掌握、焊接工具方便多样等特点。另外，由于成本低、易实现自动化等优点，可广泛使用波峰焊等技术进行集成电路焊接，批量化生产。

锡焊焊接的主要工具是电烙铁，常用的烙铁根据加热方式，可分为外热式、内热式、恒温式、感应式及其他式。科技制作用的比较多的是外热式恒温烙铁，户外也有用燃气烙铁（内热式）和电池式电烙铁的。

焊接辅助工具有镊子、偏口钳、吸锡器、高温海绵等。

焊接所用的材料有焊料和助焊剂。焊料是一种熔点较低的金属合金材料，电子制作最常用的是中空注入松香的焊锡丝。焊料的作用是使电子元器件的引脚与印刷电路板的铜箔焊盘连接在一起形成通路，不同的焊料对焊接质量有很大的影响。助焊剂有松香、焊膏等。助焊剂可以辅助热传导，使焊接处的焊盘与元件引脚或者导线表面温度快速上升，易于焊接；有的还能去除氧化物，使焊接面容易上锡；还有降低表面张力、防止再氧化等作用。

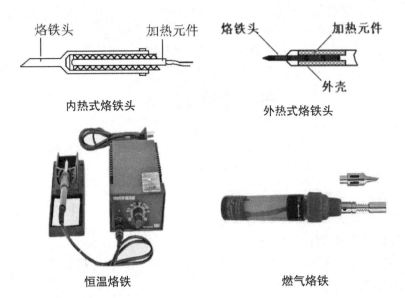

内热式烙铁头　　　　　　外热式烙铁头

恒温烙铁　　　　　　　　燃气烙铁

电子制作中，烙铁最常用的握法是握笔法 a，其他焊接也有用正握法 b、反握法 c 等。

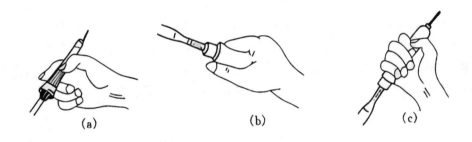

（a）　　　　　　　　（b）　　　　　　　　（c）

（1）焊接机理

①浸润。加热焊锡丝，超过其熔点后，焊锡丝熔化成液态，沿着电子元件管脚及铜箔的金属焊盘表面，因毛细现象流动附着在焊接件表面。如果焊锡丝和元件管脚／铜箔表面足够清洁，焊料的原子与焊接件的原子就可以接近到能够相互结合的距离，即接近到原子引力互相起作用的距离，这个过程称为焊料的浸润。

②扩散。温度升高时，金属原子会从原晶格点阵转移到附近的其他晶格点阵，这个现象称为扩散。锡焊时，焊锡丝融液和焊接件的表面温度很高，二者金属表面的原子之间会发生相互扩散，在界面形成新的合金。

③凝固与结晶。焊接结束，焊点温度降低到室温，在焊料和工件金属界面上形成合金层，称"界面层"。界面层慢慢冷却凝固，形成金属结晶，保持良好的导电性能，并牢牢地把焊接件固定起来。

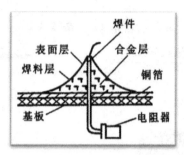

标准焊点示意图

（2）焊接的条件

①焊件必须具有充分的可焊性；

②焊件表面必须保持清洁；

③加热到适当的温度；

④使用合适的焊剂；

⑤适当的焊接时间。

为保证有效焊接，焊装前的检查工作尤为重要。要注意印刷线路板上的铜箔线、焊盘、焊孔是否与图纸相符，有无断裂等情况，焊盘表面是否干净，有无氧化、锈蚀；电子元器件引线有无氧化、锈蚀，如有，可用砂纸打磨清除元器件管脚表面的氧化层，以便于焊接。弯曲元件管脚时，不要在元件根部弯曲，要离元件根部 1 ～ 2mm 弯曲，避免元件引脚折断脱落，然后将元件安装至印刷电路板安装孔中。元件的插放通常采用卧式插法和立式插法。根据电路板设计的安装方式放置，总体原则是整齐划一。如下图所示。

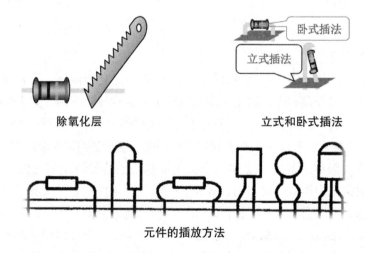

除氧化层　　　　　　　　　　立式和卧式插法

元件的插放方法

（3）加热焊接步骤

加热焊接建议使用五步法，如果元器件很小，可采用三步法（1-3-5）。移开烙铁时，撤离方向为斜上方45度较好，具体可在实践中多次加以练习，在基本规程下，探索最适合自己的操作方式，保证焊点满足质量要求。

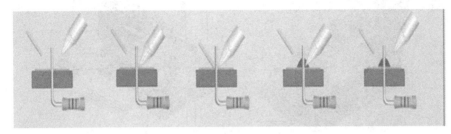

准备————加热——熔化焊丝————移开焊丝——移走烙铁

①准备：把电子元件、线路板、烙铁、烙铁架、焊锡丝、焊剂等放在工作台上。加热烙铁，不断用焊锡丝碰触烙铁头，直至焊锡丝熔化，给烙铁头均匀搪上一层焊锡。如果烙铁头不干净，可用弄高温海绵清洁烙铁头工作面；

②加热：让烙铁头同时碰触焊盘和元器件管脚，对焊盘和电子元件管脚加热。烙铁头工作面上融化的焊锡会加快升温速度；

③熔化焊丝：焊点加热到工作温度时，立即送料，把焊锡丝碰触到焊接面上，随着焊锡丝的熔化，继续送料；

④移开焊丝：当焊锡丝熔化适量后，迅速移开焊锡丝；

⑤移走烙铁：在焊剂还是熔化状态时迅速将电烙铁移走，等待焊点冷却凝固。

（4）合格焊点要求

①焊接良好，管脚固定牢固不松动；

②焊点有良好的导电性；

③焊点光滑呈凹陷抛物面形状，有金属光泽；

④焊点均匀过渡到焊盘边缘，无毛刺。

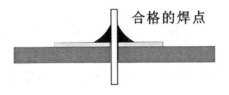

合格焊点示意图

合格焊点照片

（五）曲线锯

下面以DSH曲线锯为例做介绍。

DSH双速曲线锯是适用于模具制造、模型及教具制作的切割工具，特别适用在木头、塑料材质及非铁金属上做弯曲弧线切割。

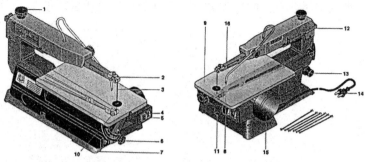

曲线锯结构示意图 a　　　　　曲线锯结构示意图 b

1　锯片张力调整钮（调锯片松紧）　2　线锯上端夹头　3　线锯条　4　电源开关
5　二段变速切换开关　6　工作台倾斜角度调整锁钮　7　底部基座　8　吹风管
9　工作台　10　线锯下端夹头　11　固定基座螺丝孔　12　备用片储放槽
13　外接吸尘器软管　14　电源线　15　马达　16　锯臂

（1）安装

①安装吹风管嘴；

②松开固定螺丝6，用直角规调整工作台，使其对准锯片成精确的90°，再拧紧固定螺丝6，检查此处指针是否归零；

③先锯切一块木头测试其是否精确，如需调整，则调整具体9及指针刻度。

（2）更换锯片

①切断电源；

②松开调整锯片张力，调整旋钮1，转大约5圈；

③压下上方锯臂16的部位后，先取下上方锯臂的上端夹头2上的锯片，再取下下端夹头10上的锯片另一端；

④从锯台上的开口抽出锯片。

（3）装上锯片

①将锯片锯齿朝下，由锯台的开头伸入，把锯片下端勾入下端夹头10的钩槽内；

②轻轻压下上方锯臂16，将锯片上端钩入线锯上端夹头2的钩槽内；

③旋上锯片张力调整钮1，直到张力合适停止，注意不能太紧或太松；

④确定锯片安装可靠。

（4）注意事项

①锯时将工件用较大的力量紧压在工作台上，用较小的力量引导工件靠到锯片上；

②慢慢地对准工件到锯片上，特别当使用一细齿的薄锯片或是工作对象很厚

时；只有往下锯的动作时，锯齿才会抛出锯屑来；

③若木头的厚度小于 25 mm 时，才能有最佳的加工效果；

④当木头的厚度超过 25 mm 时，必须十分小心地对准工作对象，以免锯片因扭结、弯曲或扭曲而损坏；

⑤当做精确切割时，须经常记住一点，即锯片会跟着木头中的纹路走，必须适时引导工件至正确的方向；

⑥当锯非铁金属时，要用低速，若需要，用适当的润滑剂润滑锯片。

（5）内切割

①先在工件上画出要内切割的图形轮廓线；

②在要被锯除的图形内侧钻孔，直径 5 ~ 10 mm；

③旋松张力调整旋钮 1，把锯片从钩槽中取下；

④把工件放到工作台上，圆孔位于工作台开口上方；

⑤把锯片穿过圆孔重新放到沟槽中，锁紧张力调整旋钮 1；

⑥从圆孔处开始，沿着轮廓线锯起。

（六）钻床

钻床适合精密钻孔等加工，在科技制作中用得比较多，本文以 TBH 钻床为例做介绍。

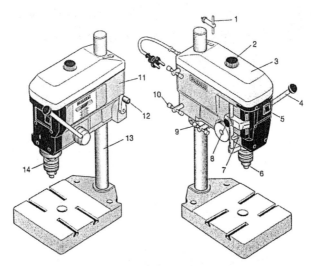

钻床结构示意图

1 电钻夹头匙 2 上盖固定旋钮 3 上盖 4 手杆 5 ON/OFF 电源开关 6 电钻夹头
7 钻孔深度设定及刻度 8 设定旋钮 9 固定旋杆 10 固定旋杆 11 钻床头
12 钻床头高度上下调整旋杆 13 支柱 14 心轴削平面（SW17）供 17 mm 扳手锁定心轴

（1）操作方法

①把机器固定在适当的工作桌上；

②轻摇旋杆 12，升降钻床头 11；

③根据加工件的大小及高度，调整主轴所需高度；

④锁紧固定旋杆 9、10；

⑤旋紧工作台后端的内六角螺丝，固定支柱；

⑥把合适的钻头放入电钻夹头 6 后，用电钻夹头匙 1 锁紧心轴 14；

⑦压下手杆 4，将钻头尖端接触工件面，然后放松旋钮 8；

⑧将刻度 7 调至想要的钻孔深度后，锁紧旋钮 8；

⑨打开钻机电源开关 5，压下手杆 4 至限位位置，钻机即可钻孔至设定深度。

（2）设定三段变速

①旋下上盖固定旋钮 2；

②取下上盖 3；

③依据钻孔大小调整钻速，大孔用低速，小孔用高速；

④调整调速皮带在主轴凸轮和电机轴心凸轮的位置，改变变比实现三段变速；

⑤检查皮带松紧，以轻按一侧皮带移动 4 ~ 5 mm 距离为宜；

⑥本机钻速有低速 1080 rpm、中速 2400 rpm、高速 4500 rpm 三档，建议 8.0 ~ 10.0 mm 钻头用低速、6.0 ~ 8.0 mm 用中速、6.0 mm 以下用高速；

⑦调整好后，盖上上盖 3，锁紧固定旋钮 2。

第一章

物质科学领域实验指导

第一节　牛奶动画

（核心概念：）

1. 物质的结构与性质；

2. 物质的变化与化学反应；

3. 物质的运动与相互作用力。

（实验目的、意义：）

1. 探究牛奶动画的原理；

2. 能够用表面张力解释实验现象（科学观念）；

3. 熟练操作实验，并且能够独立设计、讲解实验。

（教学目标：）

1. 科学观念：物质的状态发生了改变，没有新物质生成；能够用所学的科学知识描述和解释实验现象；

2. 科学思维：能基于所学知识，提出新颖性和合理性的观点，形成初步的创造性科学问题的提出和解决能力；

3. 探究实践：探究牛奶、清洁剂的组成；能够设计控制变量的实验方案；理解探究过程和方法，对探究活动及过程进行表达交流与评价反思；

4. 态度责任：能辩证地看待科学技术成果的使用对人类造成的影响；乐于与他人合作交流，掌握合作交流的方法。

（实验原理：）

牛奶的成分包含水、蛋白质、脂肪、磷脂、乳糖及无机盐等。洗洁精主要成分是烷基磺酸钠和脂肪醇醚硫酸钠，它们都是表面活性剂，当牛奶与洗洁精相遇时，牛奶中的脂肪不断被乳化分解成小颗粒，活性剂一端是羧基，为亲油因子；

一端是羟基，为亲水因子，亲油性和亲水性各自不断发生作用，会使牛奶表面的张力迅速发生变化，而色素的密度比牛奶小，漂浮在牛奶表面，会随之不断变化，产生动画的效果。

实验准备：

1. 实验材料

清水、色素（红黄蓝）、洗洁精、牛奶 80mL。

2. 实验器材及工具

量杯 4 个、滴管 5 支、圆盘子 1 个。

教学策略：

提前在平台发布教学视频，学生预习实验，了解实验原理。课上首先演示牛奶动画实验，然后指导学生操作实践，最后学生分组派代表独立讲解实验。

课堂教学：

1. 准备好实验材料及实验器材；

2. 在一个量杯中装入清水；

3. 往另外 3 个量杯中分别滴入 2 ~ 3 滴不同颜色的色素，用一支滴管，每次汲取清水 2mL，加入量杯中，摇动量杯，调成色素溶液；

4. 再取 3 支滴管，放入三杯色素溶液中，吸取不同颜色溶液待用；

5. 向圆盘子中倒入牛奶；

6. 取出滴管，把色素滴入牛奶上不同位置，静置 1 ~ 2 秒，色素缓慢扩散；

7. 再取一支滴管，汲取洗洁精 10mL；

8. 分别滴在色素扩散膜上不同位置；

9. 观察色素不断变化，产生动画效果。

课后反思与作业：

1. 动画速度与什么有关？

2. 滴入洗洁精后，牛奶表面张力是变大还是变小了？

3. 请将实验过程及讲解视频上传至平台。

第二节 水果电池

核心概念：

1. 物质的结构与性质；
2. 物质的变化与化学反应；
3. 物质的运动与相互作用力；
4. 能的转化与能量守恒；
5. 技术、工程与社会；
6. 工程设计与物化。

实验目的、意义：

1. 认识自然界的能量是可以相互转换的；
2. 了解水果电池也是一种化学能电池；
3. 分析总结影响水果电池能量大小的因素；
4. 熟练操作水果电池实验，并且能够流畅讲解实验。

教学目标：

1. 科学观念：知道原子由原子核和核外电子构成，了解串联电路的特点，知道能的转化过程；
2. 科学思维：能基于所学知识，选择适合的制作材料，发展思维的深刻性、灵活性、批判性和独创性等品质；
3. 探究实践：能够制作水果电池，结合所选的材料和工具，表达自己的设计和想法；能用其他方法完成水果电池的制作，并进行合理改进；
4. 态度责任：对设计和制作水果电池的活动感兴趣，愿意和同学合作，能与同学分享观点，能完整表达自己的改进意图和方法。能辩证地看待科学技术成果的使用对人类造成的影响；乐于与他人合作交流，掌握合作交流的方法。

实验原理：

水果中的酸性液体相当于电解液，在酸性液体的作用下，锌的活泼性大于铜，因此大量电子锌片处电离堆积，形成了铜片电位高于锌片电位的情况，接上发光二极管后，电子从锌片处经过导线流向铜片，即电流从正极（铜片）流向负极（锌片）。

实验准备：

1. 实验材料

发光二极管 2 只、葡萄酒 / 可乐 / 苹果醋等饮料，或者番茄 / 土豆 / 橘子 / 苹果等蔬菜水果。

2. 实验器材及工具

万用表、杯子 4 个、锌片 4 片、铜片 4 片、双头鳄鱼夹导线 6 ~ 8 根。

教学策略：

提前在平台发布教学视频，学生预习实验，了解实验原理。课上首先演示水果或饮料插入锌片和铜片电极后，发电点亮二极管实验，然后指导学生操作实践，最后学生分组派代表独立讲解实验。

课堂教学：

1. 准备好实验器材；

2. 取一对铜片和锌片，间隔一定距离插入水果中；

3. 取 1 根鳄鱼夹导线，另一头夹住发光二极管长脚（正极）；

4. 取 1 根鳄鱼夹导线，另一头夹住发光二极管短脚（负极）；

5. 观察 LED 发光二极管是否点亮；

6. 取下发光二极管；

7. 再取一对铜片和锌片，间隔一定距离插入新的水果中；

8. 第一个水果上的铜片和第二个水果上的锌片，用双头鳄鱼夹连接；

9. 把第二个水果上的铜片用双头鳄鱼夹和发光二极管长脚连接，第一个水果上锌片用双头鳄鱼夹和发光二极管短脚连接，观察发光二极管是否点亮；

10. 取下发光二极管；

11. 用双头鳄鱼夹连接第二个水果上的铜片和第三个水果上的锌片；

12. 把第三个水果上的铜片用双头鳄鱼夹和发光二极管长脚连接，第一个水果上的锌片依然和发光二极管短脚连接；观察发光二极管是否点亮；

13. 重复连接第四个水果，观察发光二极管是否点亮；

14. 将水果换成红酒重复实验，注意红酒中的铜片和锌片不能相碰；

15. 分组操作演示讲解实验。

课后反思与作业：

1. 本实验用的材料是酸性蔬菜水果和酸性饮料，用碱性蔬菜水果和碱性饮料是否也可以做成电池？

2. 用盐水做溶液，能不能点亮 LED 灯？

3. 发光二极管亮度和什么因素有关？

4. 查阅资料，了解手机用锂电池工作原理。

5. 有条件可以用万用表测试不同数量水果电池的电压，分析总电压和数量之间的关系。

6. 请将分组实验讲解过程视频上传至平台。

▌第三节 （伪）全息成像

核心概念：

1. 物质的运动与相互作用力；

2. 技术、工程与社会；

3. 工程设计与物化。

实验目的、意义：

1. 了解全息技术及 3D 成像的原理，了解伪全息技术与全息投影技术区别；

2. 能够利用薄膜制作伪全息，通过制作 3D 影像金字塔，加强工程与技术训练；

3. 熟练操作全息成像实验，并且能够流畅讲解实验。

教学目标：

1. 科学观念：知道光的传播及成像原理；

2. 科学思维：能基于所学知识，选择适合的制作材料，发展思维的深刻性、灵活性、批判性和独创性等品质；

3. 探究实践：能够制作全息成像作品，结合所选的材料和工具，表达自己的设计和想法，并进行合理改进；

4. 态度责任：对设计和制作全息成像作品的活动感兴趣，愿意和同学合作，能与同学分享观点，能完整表达自己的改进意图和方法。能辩证地看待科学技术成果的使用对人类造成的影响；乐于与他人合作交流，掌握合作交流的方法。

实验原理：

全息投影技术也称虚拟成像技术，是利用干涉和衍射原理记录物体真实的立体结构并再现成三维图像的技术。平面投影仅仅在二维表面通过透视、阴影等效果实现立体感，而全息投影技术则是真正呈现三维的影像，可以在任何角度观看到影像的不同侧面。但是全息成像需要在激光照射下拍摄，成像制作成本很高，所以目前商业应用的大多都是低成本的伪全息技术。不是真正的立体技术。全息拍摄过程是利用干涉原理记录物体光波信息：被摄物体在激光辐照下形成漫射式的物光束；另一部分激光作为参考光束射到全息底片上，和物光束叠加产生干涉，把物体光波上各点的位相和振幅转换成在空间上变化的强度，从而利用干涉条纹间的反差和间隔将物体光波的全部信息记录下来。成像过程是通过多次曝光在同一张底片上记录的多个不同图像，在相干激光照射下，利用衍射原理再现物体光波信息。[①]

本实验的（伪全息）成像是把四个不同角度拍摄的二维物体的视频，经过透明材料制成四面锥体的折射，成像并汇集到一起后，形成具有立体感观维度的影像。从锥体的四个面分别看到物体的四个侧面，即在锥体上方四个面有四个不同的视频图像，通过锥体面45度折射成像，实际上就是普通平面镜成像原理转了45度角而已。

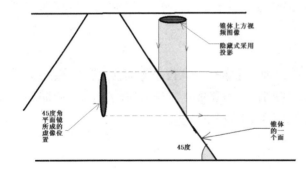

实验准备：

1. 实验材料

胶水（或透明胶带）、透明 PVC 薄膜（或透明亚克力薄膜）、一张草稿纸。

2. 实验器材及工具

手机、平板电脑、直尺、小刀（或剪刀）、圆规（或量角器）、打孔器、全息视频资源。

教学策略：

提前在平台发布教学视频，学生预习实验，了解实验原理，并下载 3D 视频

---

① 姜启时：《全息投影技术中的相关光学知识赏析》，《中学生数理化》（高二高三版），2015 年第 6 期。

资源。课上首先演示 3D 视频现象给学生观看，然后指导学生操作实践，最后学生分组派代表独立演示实验。

课堂教学：

1. 在草稿纸上画圆，圆的半径等于等腰三角形的腰长；

2. 以圆上任意一点为圆心，半径为等腰三角形的底边，等腰三角形的腰长约为屏幕宽度除以 1.176；

3. 将亚克力薄膜覆盖在所画的圆上，在三角形的顶点处扎孔以作标记。用刀切割下四个连在一起的等腰三角形；

4. 将边沿两边用胶水或胶带连在一起，形成四面锥体，呈金字塔状；

5. 顶部掏一孔，把硅胶吸盘放入；

6. 把 3D 全息视频下载到手机（平板电脑）里并打开。将手机水平放到金字塔上，屏幕中心对应塔尖，尽量挨着。水平直视金字塔一面，你会发现意想不到的效果！

课后反思与作业：

1. 全息技术是如何实现的？

2. 伪全息技术的实现主要依据是什么，是如何实现的 3D 成像？

3. 请将分组讲解视频传至平台。

第四节　法老之蛇

核心概念：

1. 物质的结构与性质；

2. 物质的变化与化学反应；

3. 能的转化与能量守恒；

4. 技术、工程与社会；

5. 工程设计与物化。

实验目的、意义：

1. 了解剧烈化学反应的原理，学会模拟法进行化学反应实验；

2. 熟悉天平称量化学药品的流程；

3. 掌握科学中化学实验的操作方法；

4. 熟练操作"法老之蛇"实验,并能够流畅讲解实验。

(教学目标:)

1. 科学观念:知道化学反应需要的条件,知道化学能与内能可以转化;

2. 科学思维:能基于所学化学反应的知识,选择适合的反应材料与比例,发展思维的深刻性、灵活性、批判性和独创性等品质;

3. 探究实践:能够熟练控制实验过程,结合所选的仪器和反应药品,表达自己的设计和想法,并进行合理改进;

4. 态度责任:对化学反应的活动感兴趣,愿意和同学合作,能与同学分享观点,能完整表达自己的改进意图和方法;乐于与他人合作交流,掌握合作交流的方法。

(实验准备:)

1. 实验材料

沙子、白糖 100g、食用小苏打 25g、酒精。

2. 实验设备

加热皿、打火机、盘子、护目镜、换气扇、量杯、天平等。

(实验原理:)

"法老之蛇"是物质科学实验中的化学实验,因燃烧生成的物质像电影中的"法老之蛇"被"召唤"出来而得名。最初实验为硫氰化汞受热分解,反应过程非常激烈,就像一条长蛇凭空从沙土里钻出来,方程式为:

$$4Hg(SCN)_2 = 4HgS + 2CS_2 + 3(CN)_2\uparrow + N_2\uparrow,$$

有多种不同实验物的版本,但结果类似。因硫氰化汞分解产生氰化物等有毒物质,本实验采用白糖燃烧,模拟生成"法老之蛇"。白糖是碳水化合物,加入酒精有助于燃烧,白糖加热后,会变成水、碳和二氧化碳,小苏打加热后会迅速生成大量二氧化碳,让白糖燃烧时产生碳粒膨胀,形成黑色蓬松的柱状碳棒,像"法老之蛇"一样。

(教学策略:)

课前视频,作为任务点检查。提前在平台发布教学视频,通知学生预习平台发布的"法老之蛇"实验,了解实验原理。课堂演示实验过程,学生观察实验现象后,分组实验,再现实验现象,得出结论,最后学生分组派代表独立讲解实验。

(课堂教学)

首先给学生介绍"法老之蛇"实验的反应原理，为了课堂教学的安全，我们采用替代法，用白糖燃烧模拟生成"法老之蛇"，然后开始实验操作演示，最后由学生分组实验，得到实验数据及结论。

(实验步骤)

1. 用量筒量取 100mL 左右 95% 的酒精；

2. 用天平称量 100g 白糖、25g 小苏打；

3. 把沙子放入加热皿中，撒上量取好的酒精；

4. 把白糖和小苏打混合、搅拌；

5. 把混合物撒在沙子上面；

6. 用打火机靠近沙子，点燃酒精后，迅速移走打火机，观察实验现象；

7. 白糖和小苏打用 6∶1、5∶1、3∶1、2∶1 等比例，再次重复上面步骤，观察实验现象。

(课后反思及作业)

1. 黑色物体是什么？

2. 不同比例的混合物，燃烧后效果有什么不同？

3. 请把实验过程拍照上传至平台。

注意：燃烧时会有烧糊的味道，应提前开启换气扇。燃烧完毕的黑色物体比较蓬松，收拾时避免飞溅。

第五节 大象牙膏

(核心概念)

1. 物质的结构与性质；

2. 物质的变化与化学反应；

3. 能的转化与能量守恒。

(实验目的、意义)

1. 了解过氧化氢分解的化学反应原理，熟悉催化剂的作用；

2. 熟悉天平称量化学药品的流程；

3. 掌握科学实验中化学实验的操作方法，熟练讲解本实验。

教学目标：

1. 科学观念：知道化学反应需要的条件，知道化学能与内能可以转化；

2. 科学思维：能基于所学化学反应的知识，选择适合的反应材料与比例，发展思维的深刻性、灵活性、批判性和独创性等品质；

3. 探究实践：能够熟练控制实验过程，结合所选的仪器和反应药品，表达自己的设计和想法，并进行合理改进；

4. 态度责任：对化学反应的活动感兴趣，愿意和同学合作，能与同学分享观点，能完整表达自己的改进意图和方法；乐于与他人合作交流，掌握合作交流的方法。

实验准备：

1. 实验材料一

过氧化氢（双氧水）50mL、碘化钾/硫酸铜（或其他催化剂）0.5g、洗洁精30mL、色素1mL、水20mL、一次性乳胶手套。

实验材料二

氯化铝饱和溶液20mL、碳酸氢钠饱和溶液20mL、洗涤剂30mL、色素1mL、一次性乳胶手套。

2. 实验设备

天平、量筒、7寸圆盘、100mL烧杯、200mL锥形瓶/直身瓶、护目镜。

实验原理：

"大象牙膏"（Elephant Toothpaste）的原理是双氧水+碘化钾（或其他催化剂）+发泡剂混合时，双氧水（过氧化氢）的化学式为 H_2O_2，是一种氢氧化合物，碘化钾作为催化剂加速了双氧水分解速率，分解生成大量氧气，由于溶液中掺有发泡剂，氧气"吹起"的泡沫喷涌而出，体积较大，故称为"大象牙膏"。

本实验最初由美国《连线》杂志网站于2009年公布，为十个最令人惊讶的化学实验之一，也是著名的化学实验之一。

教学策略：

课前通知学生预习平台发布的"大象牙膏"视频，作为任务点检查。课堂演示实验过程，学生观察实验现象后，分组实验，再现实验现象，得出结论，最后分组派代表独立讲解本实验。

课堂教学：

首先给学生介绍"大象牙膏"实验的反应原理，用两种方法均可得到实验现象，然后称量所需要的化学药品，分别演示化学实验，最后学生分组实验。

实验步骤：

方法一

1. 将双氧水和洗洁精混合到一个烧杯里面；

2. 将催化剂和水混合到另一个烧杯里面；

3. 为增强视觉效果，加入几滴色素；

4. 把锥形瓶放在 7 寸圆盘上；

5. 分别把两杯溶液倒入锥形瓶后，迅速离开，观察实验现象。

方法二

1. 将洗涤剂倒入锥形瓶中，加入几滴色素；

2. 将氯化铝饱和溶液与碳酸氢钠饱和溶液分别倒入两个烧杯中；

3. 将两个烧杯溶液倒入锥形瓶后，迅速离开，并观察实验现象。

实验现象：

反应剧烈，产生大量气泡并伴随着热气冒出，喷出的大量泡沫像挤出来的巨大牙膏。

注意事项：

高浓度过氧化氢具有腐蚀性，实验过程伴随放热，喷出的泡沫温度较高，需注意防护；

产生的泡沫依然含有过氧化氢，用手触碰容易导致皮肤出现"漂白"的现象。

课后反思与作业：

1. 实验用的过氧化氢是否可以直接用在医学上？

2. 加入清洁剂的目的是什么？

3. 碘化钾是否发生了化学反应？

4. 请将分组实验讲解过程视频上传至平台。

第六节　点水成冰

核心概念：

1. 物质的结构与性质；
2. 物质的变化与化学反应；
3. 能的转化与能量守恒。

实验目的、意义：

1. 了解过饱和溶液的不稳定性原理，能够解释"结晶"现象；
2. 熟练使用酒精灯加热液体，掌握水浴加热的操作流程；
3. 掌握科学中化学实验的操作方法，熟练讲解实验。

教学目标：

1. 科学观念：知道化学反应需要的条件，知道化学能与内能可以转化；
2. 科学思维：能基于所学化学反应的知识，选择适合的反应材料与比例，发展思维的深刻性、灵活性、批判性和独创性等品质；
3. 探究实践：能够熟练控制实验过程，结合所选的仪器和反应药品，表达自己的设计和想法，并进行合理改进；
4. 态度责任：对化学反应的活动感兴趣，愿意和同学合作，能与同学分享观点，能完整表达自己的改进意图和方法；乐于与他人合作交流，掌握合作交流的方法。

实验准备：

1. 实验材料

醋酸钠晶体 / 硫代硫酸钠，蒸馏水。

2. 实验设备

铁架台、酒精灯、石棉网、500mL 烧杯一个（A）、250mL 烧杯一个（B）、烧杯夹。

实验原理：

本实验根据的是过饱和溶液的不稳定性原理。醋酸钠热饱和溶液如果在不受扰动条件下慢慢冷却，结晶一般不会发生，这种过饱和溶液处于一种不稳定状态。当有扰动或者加入溶质的"籽晶",溶液就会析出过量的溶质结晶,看起来像"结冰"一样。

教学策略:

课前通知学生预习平台发布的结晶视频,作为任务点检查。课堂演示实验过程,学生观察实验现象后,分组实验,再现实验现象,得出结论,最后每组派代表讲解实验。

课堂教学:

首先让学生回答"结晶"实验现象的机理,然后引入过饱和溶液的不稳定性原理,接下来演示化学实验,最后学生分组实验。

实验步骤:

1. 用量筒量取 200mL 的水后加入 A 烧杯;
2. 把烧杯放在铁架台的石棉网上;
3. 点燃酒精灯开始加热烧杯中的水;
4. 用天平称量醋酸钠晶体 / 硫代硫酸钠 130g;
5. 称量好的醋酸钠晶体放入 B 烧杯中;
6. 用量筒量取 100mL 蒸馏水,注入 B 烧杯中;
7. 把 B 烧杯放入水浴中加热;
8. 醋酸钠晶体溶解后,再加热几分钟;
9. 用烧杯夹夹起 B 烧杯静置,待温度降至室温;
10. 向醋酸钠溶液内放入一粒醋酸钠晶体,观察实验现象;
11. B 烧杯内的溶液中马上会析出针状结晶,并且像"生长"一样,迅速传递至整个烧杯底部,极像结冰的"冰霜树"。

注意事项:

加热后,慢慢静置冷却,不要碰触烧杯或者剧烈震动桌面,以免提前结晶。

课后反思与作业:

1. 水浴加热的目的是什么?
2. 你还能举出生活中哪些过饱和溶液出现结晶的例子?
3. 请把分组实验过程视频上传至平台。

第七节　淀粉密信

核心概念：

1. 物质的结构与性质；
2. 物质的变化与化学反应。

实验目的、意义：

1. 了解显色反应的原理，能够解释淀粉遇碘液变蓝实验现象；
2. 掌握显色反应实验的操作方法，熟练演示实验。

教学目标：

1. 科学观念：知道化学反应需要的条件；
2. 科学思维：能基于所学化学反应的知识，选择适合的反应材料与比例，发展思维的深刻性、灵活性、批判性和独创性等品质；
3. 探究实践：能够熟练控制实验过程，结合所选的仪器和反应药品，表达自己的设计和想法，并进行合理改进；
4. 态度责任：对化学反应的活动感兴趣，愿意和同学合作，能与同学分享观点，能完整表达自己的改进意图和方法；乐于与他人合作交流，掌握合作交流的方法。

实验准备：

1. 实验材料

淀粉、水、棉签、碘伏；

备用实验材料

白醋、牛奶。

2. 实验设备

500mL 烧杯、200mL 量杯、取样勺、勾线笔、打火机。

实验原理：

淀粉是白色无定形的粉末，由 10% ～ 30% 的直链淀粉和 70% ～ 90% 的支链淀粉组成。淀粉溶解在水里，形成淀粉水溶液。用勾线笔沾淀粉水溶液在滤纸上写字，溶液渗透到纸纤维中，水份挥发后，纸上留下肉眼看不到的淀粉的颗粒。而直链淀粉具有遇碘变蓝的特性，如果遇到碘液，碘分子便嵌入螺旋结钩的空隙处，并且借助范德华力与直链淀粉联系在一起，形成一种络合物（包合物），这种络合物呈蓝色，所以淀粉溶液呈现出蓝色来。因而纸张上的淀粉会迅速变色，显现出刚才写的字。

教学策略：

课前通知学生预习平台发布的显色反应视频，作为任务点检查。课堂演示实验过程，学生观察实验现象后，分组实验，再现实验现象，得出结论，最后派代表独立演示实验。

课堂教学：

首先让学生讨论显色实验的原理，然后演示淀粉遇碘液变蓝实验，最后学生分组实验。

实验步骤：

1. 用取样勺取一勺淀粉放入量杯（大约 100g）；
2. 向量杯中加入 10mL 清水，搅拌均匀；
3. 用勾线笔蘸取淀粉溶液，在两张滤纸上分别写字；
4. 晾干滤纸后，滤纸上水迹消失；
5. 用棉签蘸取碘伏，在其中一张滤纸上均匀涂抹；
6. 观察滤纸的变化，出现字迹后停止涂抹。
7. 点燃酒精灯，把另一张滤纸靠近外焰烘烤，观察滤纸的变化；
8. 用备用的白醋或牛奶写信，讨论并测试如何能显现信的内容。

课后反思与作业：

1. 试解释用加热纸张的方法也能显现出字迹的原因。
2. 是否可以用此实验原理，来检测食物中是否含有淀粉？
3. 请将实验过程拍照或视频上传至平台。

第八节　隔空点火

核心概念：

1. 物质的结构与性质；
2. 物质的变化与化学反应；

3. 能的转化与能量守恒。

实验目的、意义：

1. 了解石蜡的结构，能够解释"隔空点火"现象的科学原理；
2. 熟悉石蜡的三态变化；
3. 掌握隔空点火实验的操作方法，熟练演示实验。

教学目标：

1. 科学观念：知道化学反应需要的条件，知道化学能与内能可以转化；
2. 科学思维：能基于所学化学反应的知识，选择适合的反应材料与比例，发展思维的深刻性、灵活性、批判性和独创性等品质；
3. 探究实践：能够熟练控制实验过程，结合所选的仪器和反应药品，表达自己的设计和想法，并进行合理改进；
4. 态度责任：对化学反应的活动感兴趣，愿意和同学合作，能与同学分享观点，能完整表达自己的改进意图和方法；乐于与他人合作交流，掌握合作交流的方法。

实验准备：

1. 实验材料
蜡烛。
2. 实验设备、器材
长柄打火机。

实验原理：

蜡烛为一种碳氢化合物，主要成分为石蜡（$C_{25}H_{52}$），是几种高级烷烃的混合物，固体状态燃点比较高，不容易直接燃烧。蜡烛燃烧时石蜡先由固态受热溶化为液态，因为毛细现象液态石蜡吸附在烛芯上，受热气化为气体后燃烧。点燃的蜡烛刚吹灭时，烛芯的温度依然较高，此时石蜡仍然会蒸发变成蜡烛蒸汽，形成一种白色气状的石蜡小颗粒，产生白烟，在空气中停留。这个时候遇到明火，火种就会顺着蒸汽向下点燃烛芯，蜡烛就会复燃。远远看就像隔空点燃了蜡烛一样。

教学策略：

本实验以课堂演示为主，通过探究现象背后隐藏的科学原理，向学生普及科学知识，激励学生踊跃做科学技术的传播者，最后由学生分组派代表独立演示实验。

课堂教学：

首先提出问题：吹灭蜡烛，能否再次"隔空"点燃？（可采用投票方式表决）然后演示"隔空点火"，并解释实验原理，最后学生操作。

实验步骤：

1. 把蜡烛固定在桌子上，点燃蜡烛；
2. 观察蜡烛稳定燃烧后，吹灭蜡烛；
3. 观察蜡烛熄灭后，冒出一缕白烟；
4. 用长柄打火机靠近白烟上方，点燃火机；
5. 白烟开始燃烧，火苗迅速向下移动，至烛芯处，烛芯燃烧；
6. 蜡烛被"隔空点燃"了。

注意事项：

吹熄蜡烛时，蜡烛上方飘起一缕白烟，这就是石蜡气化之后的小颗粒，这些小颗粒很快会消散。此时迅速用点燃的火柴靠近"白烟"上部，烟接触到火源，立刻燃烧起来。若这些"白烟"消散了，或者"白烟"根部脱离烛芯，就不能隔空点火了。

课后反思与作业：

1. "白烟"是由什么组成的？
2. 是否能通过此实验解释面粉车间禁止明火的原因？
3. 请将实验过程拍照或视频上传至平台。

隔空点火 a　　　　　　隔空点火 b

第二章

生命科学领域实验

第一节　观察显微镜下的生命

实验目的、意义：

1. 了解动植物细胞结构；
2. 学会使用显微镜观察物体；
3. 熟练制作切片，能够独立讲解演示实验。

实验准备：

1. 实验材料

滴管、水、碘液、洋葱、载玻片、盖玻片、纱布、吸水纸、动物细胞标本玻片、刀片、镊子。

2. 实验设备

显微镜、电子目镜、实物展台、多媒体电脑、标本套装若干。

教学策略：

课前通知学生预习平台发布的操作预习视频，作为任务点检查。思考课堂上用电子目镜投影标本，并指导学生操作实践，观看切片标本，最后学生分组派代表独立讲解实验。

课堂教学：

通过对人体—系统—器官—组织—细胞的层次结构介绍，最小的细胞应该如何观察。微小细胞用显微镜可以观察，进而引入显微镜的使用、观察动植物细胞的内容。

1. 显微镜的使用（15～20分钟）

（1）在实物展台/摄像头下，介绍显微镜各个部分名称、结构、功能、操作注意事项等；

（2）安装好目镜、物镜；

（3）放置好标本，调节反光镜、光圈；

（4）调节粗准焦螺旋、细准焦螺旋，直至出现清晰影像；

（5）连接电子目镜，再次调节，通过投影展示图像；

（6）更换不同倍率，展示图像差异。

2．载玻片的制作——以洋葱表皮细胞装片为例（30～40分钟）

（1）用纱布把载玻片和盖玻片擦拭洁净；

（2）用滴管在载玻片的中央滴一滴清水；

（3）用刀片在洋葱鳞片内表皮上划"井"字；

（4）用镊子轻轻撕下鳞片内表皮小方块，把它浸入载玻片上的水滴中，用镊子展开铺平；

（5）捏住盖玻片的边缘，用一边接触水滴，慢慢放下，把它盖到水滴和叶片上，注意不要有气泡；

（6）滴一滴碘液在盖玻片一侧，用吸水纸在另一侧吸，使得碘液浸润标本；

（7）在显微镜的低倍镜下观察标本，视野中出现鳞片细胞后，再换成高倍镜观察；

（8）观察洋葱鳞片表皮细胞后绘图（画出细胞各个部分的颜色），然后标出各部分的名称并记录放大倍数；

（9）观测结束后，把鳞片扔到指定地点，清洗和干燥载玻片及盖玻片。

3．玻片标本的观察（30～45分钟）

（1）领取一块成品动物细胞玻片标本；

（2）分别用显微镜的低倍镜和高倍镜观察动物细胞后绘图，标出各部分名称并记录放大倍数。

（课后反思及作业：）

1．植物细胞呈现什么颜色？为什么呈现这种颜色？

（参考：液泡里含有色素，不同色素反射的光的颜色决定了植物细胞呈现不同颜色）

2．植物细胞和动物细胞有哪些相似之处及不同之处？

（参考：相同点是都有细胞膜、细胞质、细胞核。不同点是植物细胞有细胞壁，部分细胞有叶绿体、中央大液泡；动物细胞具有中心体，而植物中只有低等植物才有中心体）

3．为什么在观察标本时，应该记录观察结果？

4．把操作要点和观测到的图像，以附件方式上传到超星泛雅平台。

附：参考图像

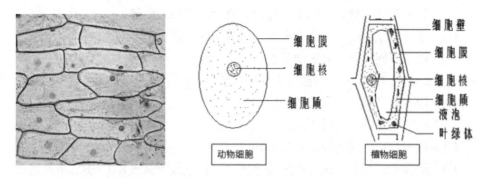

注：从本章开始，请同学们参考前两章设计，归纳总结实验对应的核心概念，并从四个维度进行教学目标分析（注：本章开始，不再有"教学目标"版块）。

第二节 种子萌发实验

实验目的、意义：

1. 观察植物种子萌发时，各部分结构的生长顺序以及特点；
2. 掌握植物种子的萌发过程，从而对植物的生长有更直观的了解；
3. 研究植物种子萌发的条件，并进行总结；
4. 熟练掌握长周期实验的操作流程，能够独立设计讲解实验。

实验准备：

1. 实验材料

脱脂棉、水、生长状况良好的绿豆种子、透明一次性塑料杯/矿泉水瓶/培养皿。

2. 实验设备及工具

恒温箱、温度计、圆头镊子、网络摄像头。

教学策略：

课前通知学生预习平台发布的豆芽生成视频，作为任务点检查。提前一天准备好绿豆种子，浸泡。上课当天分组做好标记进行实验，然后每天安排学生去实验室观察换水等，所有人均可通过网络摄像头随时观察种子萌发的变化状态，一周后，学生总结，分组派代表独立讲解实验。

课堂教学：

1. 教师通过种子萌发视频、介绍袁隆平爷爷对于我国粮食安全做出的卓越贡献等，激发学生的爱国热情；

2. 制作培养杯

（1）将脱脂棉平铺在塑料杯中；

（2）每组领取10颗绿豆种子，各取5颗种子放在培养皿中，或者用透明的塑料杯、矿泉水瓶子代替（注意：要用镊子将种子放在脱脂棉与杯壁之间）；

（3）小心向杯中加水至水面离杯底2cm高处，将其中A培养杯放在恒温箱中，温度设置为25摄氏度且有光照，另一个放在温度相等的黑暗处。

3. 观察种子萌发生长情况（1周）

（1）每天早上8～9点观察种子发芽情况，并拍摄照片记录种子萌发情况，同时对其进行一定的文字描述；

（2）重点描述植物长出构造的名称：胚根、子叶、真叶、胚轴，描述叶片颜色、胚轴颜色；

（3）测量并且记录幼苗高度的变化。

4. 一周后在课上进行集中讨论总结。

课后反思及作业：

1. 种子萌发过程中发现哪些问题？

2. 通过种子萌发实验，有何感悟？

3. 尝试培养其他植物，并且记录植物的萌发过程以及生长过程。

4. 请将种子萌发的过程拍照上传至平台。

第三节 生气的苹果

实验目的、意义：

1. 了解自然界存在着大量的微生物；

2. 掌握酵母菌的结构、大小、繁殖方式等；

3. 了解病毒的结构、大小、繁殖方式等；

4. 能够正确认识新冠病毒，了解新冠病毒的感染过程及防治措施。

实验原理：

苹果中含有天然的酵母菌，酵母菌在有氧和无氧的环境中都能生长，在有氧的情况下，酵母菌将糖分解为酒精和二氧化碳，所以能把乳胶手套吹得鼓鼓的。酵母菌是真菌，相较于细菌而言，其形态更大，并且具有明显的大液泡，因此能够在光学显微镜下观察到。

实验准备：

1. 实验材料

温水、白砂糖、橡胶手套、橡皮筋、染色剂、石灰水等。

2. 实验设备及工具

锥口瓶、恒温水浴、吸管、载玻片、盖玻片、镊子、显微镜等。

教学策略：

课堂上首先指导学生制作好实验道具，在等待反应的过程中，播放细菌和病毒介绍等视频，以及病毒侵入人体的过程等视频，给学生介绍细菌、病毒的区别，最后观察实验现象，得出结论。

课堂教学：

1. 将提前准备好的吃剩的苹果核，切碎放入锥口瓶内；

2. 向瓶中倒入适量的温水；

3. 倒入一些白糖，以促进苹果更好地发酵；

4. 将乳胶手套套在锥口瓶上，并且缠上橡皮筋，扎紧瓶口防止漏气；

5. 将瓶子放在恒温水浴中，保持在 25° ~ 30° 之间静止 2 小时，期间观察实验现象。

6. 静止一段时间后，发现乳胶手套慢慢鼓胀起来，好像苹果"生气"了，呼出气体；

7. 取下皮筋，拿下手套；

8. 把手套放入石灰水中，观察石灰水的变化，验证气体成份；

9. 用吸管汲取瓶中的液体，制成装片；

10. 放在显微镜下观察酵母菌形态。

课后反思与作业：

1. 为什么手套会变得鼓胀起来？

2. 手套中气体的主要成份是什么？

3. 通过实验思考如何保存苹果能更长久？

4. 思考其他蔬菜水果会"生气"吗？

第三章

地球与宇宙领域实验

第一节 使用天文望远镜进行星空观测

实验目的、意义：

1. 了解光学望远镜与射电望远镜的区别，学会使用天文望远镜；
2. 掌握天文望远镜观测月球的方法；
3. 了解四季星图，能够根据不同季节的星图观测星座；
4. 通过天眼射电望远镜的学习，对学生进行思政教育。

实验原理：

望远镜的放大倍率＝物镜焦距（F）/ 目镜焦距（f）。例如：仰望者 150EQ 物镜焦距 750 mm，配用 25 mm 目镜时，倍率计算为 750/25=30（倍）；配用 12.5 mm 目镜时，倍率计算为 750/12.5=60（倍）；若添加 3X 增倍镜时，配目镜所获得的倍率再乘以增倍镜的倍率。

以仰望者 150EQ 和 3X 倍镜为例：

配用 25 mm 目镜和 3X 增倍镜的倍率计算为（750/25）X3=90（倍）；

配用 12.5 mm 目镜和 3X 增倍镜的倍率计算为（750/12.5）X3=180（倍）；

虽然望远镜的理论倍率几乎是无限的，但也有它实际的限制，比如地球的大气层。每个望远镜都有一个有效的放大倍数，一般是望远镜口径的 2 倍左右。倍数高，图像的清晰度就会降低甚至模糊不清。从几十到一百多倍的倍率是天文观测比较理想的观测倍数。

实验器材：

西湾仰望者 150EQ、电子目镜、笔记本电脑、相机等。

教学策略：

本实验需要在合适的地点、合适的天气条件下实施，因此教学采用兴趣小组分组实验的方法进行，在多年实践中，我们采用了如下方式：

1. 电子目镜＋笔记本电脑。把图像通过电子目镜采集到笔记本电脑上，分享给学生；

2. 手机直播。通过抖音、腾讯会议、超星直播、雨课堂直播等多种方式，把调试过程及实时图像分享给学生观看；

3. 平台学习。把调试过程及观测流程录制成微视频，传至平台，作为任务点发布，供学生自主学习。

另外，平台添加天眼射电望远镜的宣传视频，让更多学生了解天眼，了解南仁东老先生对于我国天文事业的贡献，激发学生的爱国热情，鼓励他们勇于投身祖国科学事业。

实验步骤：

观测月球

人们通常想在月亮满月时看月亮。但是满月时，月亮表面全部被照亮了，导致光线可能过强。而且，这个阶段月亮表面上的物体反差很小，无法看清细节。

观测月球的最好时间应选在上弦月到下弦月。较长的影子把月球表面大量细节表现出来。用低倍率望远镜，能够在某一时刻看到大量月球环形山。

改换高倍率望远镜时，可以对环形山内部进行观测。

观测行星

我们根据星图，可以通过月球相位看金星。也可以观测木星的云带和大红斑。此外，还能看到围绕这颗大行星的卫星。土星有最美的环，在中等倍率下很容易看到。

观测深空天体

深空天体包括星团、行星状星云、弥漫星云、双星和河外星系，位于太阳系边界以外，它们具有较大的角径，需要用低到中等倍率观测。因为它们太暗淡了，以致于长时间曝光也不能显示出颜色，只显示为黑白色。而且由于它们表面亮度较低，应尽可能在乡村黑暗的天空区域观测。

观测条件

观测条件包括透明度（指大气层的清澈度，受云、湿气和其他尘埃粒子影响）、天空背景亮度、视宁度（指大气的稳定性、大气湍流活动程度），这些条件都直接影响我们的观测效果。

课后反思与作业：

1. 思考并解释月食现象。

2. 如果想看得更清楚，是否可以继续增大放大镜倍数？

3. 请把观测结果上传至平台。

第二节　小小气象站

实验目的、意义：

1. 掌握气象站基本结构及工作原理；

2. 了解风速分级及飓风引起的灾害；

3. 能够动手制作简易风向标、风速仪、雨量器。

实验准备：

1. 实验材料

硬纸板、白纸、大头针、带橡皮的铅笔、吸管、透明胶、双面胶、记号笔、KT 板、绸布、木棒、软 PVC 板等。

2. 实验设备及工具

剪刀、指南针、尺子、圆规、量筒、淋浴喷头。

教学策略：

课前通知学生预习平台发布的操作预习视频，作为任务点检查；课堂上先给学生介绍气象站各个部分结构及工作原理，然后指导学生制作风向标、雨量器，最后学生测得数据，对比分析，总结误差原因。

课堂教学：

1. 介绍实物气象站结构及原理；

2. 制作简易风向标

（1）用圆规在 KT 板上画一个大小适中的圆；

（2）标好八个方位；

（3）在 KT 板的一边装好指南针，使指南针的方向和我们标好的方向一致；

（4）在吸管两端纵向切开约一厘米的缝隙；

（5）用硬纸板剪一个箭头和箭翼，插入吸管的缝隙并用透明胶固定；

（6）寻找吸管的平衡点，用大头针穿过吸管的平衡点，并且使吸管能自由转动；

（7）将大头针插入橡皮中，最后将铅笔插在方位盘并且固定；

（8）放到气象站旁边做对比测试；

3．制作简易风速仪

（1）选一块较轻的绸布，用双面胶将绸布固定在木棒上；

（2）放到气象站旁边，做对比测试。

4．制作简易雨量器

（1）取一个量筒；

（2）用软 PVC 板制作一个锥形漏斗，外径和气象站雨量器一致；

（3）用 3 根木棒作支架，把制作好的锥形漏斗固定与量筒上方，漏斗下方对准量筒；

（4）将雨量器放到气象站旁边；

（5）安装好淋浴喷头，调整细水流，对着气象站及雨量器喷洒；

（6）一段时间后，如 10 分钟，做对比测试。

课后反思及作业：

1．为什么降水量单位是毫米，不是毫升？

2．气象站的风速、风向等数据是如何测出来的？

第三节　识图用图

实验目的、意义：

1．了解识图用图在科学教育中的地位、作用，为以后教学做储备；

2．熟悉指北针的使用；

3．掌握等高线与实地的对应关系，能够正确使用等高线地图；

4．掌握比例尺的概念，应用数学知识计算。

实验准备：

指北针（指南针）、校园地图。

教学策略：

课前通知学生预习平台发布的操作预习视频，作为任务点检查。课堂上带领学生携带地图、指南针，在校园识图，根据比例尺，分析判断图上距离与实地距离的对应关系。同时介绍识图用图在军事上、国防教育上的重要作用，进行课程思政教育。

课堂教学：

1．介绍识图用图中用到的比例尺、等高距、图例等概念；

2．介绍识图用图在军事上、国防教育上的重要作用；

3．场地实操

（1）分发地图，给学生做讲解；

（2）指导学生通过地图和实地的对照，确定自己所在的位置；

（3）在地图上标出要去的第一个目的地；

（4）测算所在地与目的地之间的距离，分析两点间的地形、地貌、地物；

（5）决策去往目的地的最佳路线；

（6）根据实际情况，采用拇指行进法、扶手法、攻击点法等技术到达目的地。

课后反思及作业：

1．了解古时候的人们是怎么分辨方向的？

2．在户外都有哪些判断方向的方法？

3．中国的北斗定位系统都有哪些重大意义？

附：识图用图简介

识图用图在科技活动中也叫作定向运动，是一项参与者借助地图和指北针，在尽可能短的时间内到访若干标识在实地中检查点的运动。独特性是，在尽可能短的时间内找出并沿着最佳路线通过未知地带，需要准确读图、线路评估、指北针操作、在压力下集中精力、快速决策、在自然地形中奔跑等技能。教育部把定向运动作为"2+1"项目在学校开展，每年主办年度军事课教学展示（识图用图）大赛，2022年教育部颁布义务教育阶段新课标，把定向运动纳入新课程课标中。

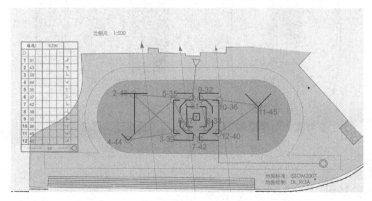

小学操场百米定向图示例

第四章

技术与工程领域之电子系列实验

█ 第一节 电磁小车

实验目的：

1. 探究电磁小车移动原理，验证右手定则；
2. 自制电磁小车，训练动手操作的技能；
3. 掌握小车移动方向的影响因素；
4. 能够独立讲解本实验。

实验原理：

通电螺线管由通电线圈组成，螺线管外部的磁力线方向从管的 N 极出发，到达 S 极，而螺线管内部磁场方向从 S 极到 N 极方向，这个关系遵循右手定则。当电池两端吸附有钕铁硼磁铁时，如下图方向放置，电池及磁铁整体构成一个"电磁小车"。放入裸铜线构成的螺线管中，小车两端磁铁和螺线管接触导串，给本段螺线管线圈提供电流，本段螺线管产生磁场，这样一端吸引小车移动，另一端排斥小车，小车在两端力的作用下，不断移动前进。

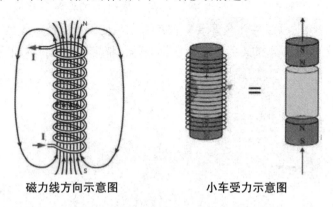

磁力线方向示意图　　　　小车受力示意图

实验准备：

1. 实验材料

直径 0.6 ~ 1 mm 裸铜线 10 m，5# 电池 3 节，直径和电池相当的钕铁硼圆磁铁 2 个、直径略大于电池直径的 PVC 管或棒 1 根、带鳄鱼夹的 3V 电池盒 1 个。

2. 实验设备

万用表。

教学策略：

本实验主要演示电磁感应，验证左右手定则，揭示洛伦兹力的存在，因此分别采用磁铁磁极不同的排列方式来实验，从而得出通电线圈产生磁力线的方向与磁极之间的关系、受力方向等结论，学生通过实验验证电学原理，提高实践动手能力。最后学生分组派代表独立演示讲解实验。

课堂教学：

1. 用裸铜线在 PVC 管子上绕制一个空心线圈，绕制时，注意相邻线圈间隔一定距离，如 1 ~ 2 mm，且间隔均匀，不要短路；

2. 取一节 5# 电池，两端垫上绝缘片（如果无绝缘片，可用一小片白纸代替），把两块钕铁硼磁铁磁极同向放置（NS—NS），分别吸到电池两端，做成"小车"，放入螺线管中，位置分别是两端、中间部位，观看小车是否移动（或不动）；

3. 将两节 5# 电池放入电池盒内，注意鳄鱼夹不要短路；

4. 用鳄鱼夹碰触螺线管两端，观看小车是否移动（或发现小车抖动但未移动）；

5. 改变鳄鱼夹碰触位置，碰触小车两端磁铁位置的线圈，观察小车是否移动（或小车抖动，依然没移动）；

6. 改变磁铁磁极方向，让同性磁极相对（NS—SN），再次吸到电池两端，做成"小车"，放入螺线管中；

7. 重复步骤 4，发现小车依然未移动；

8. 重复步骤 5，发现小车移动了。由此，说明只有磁极相对的时候，小车才能获得同方向的力，产生位移；

9. 去掉外接电池盒，去掉小车电池两端绝缘片，两个磁铁按照同性相对方向吸附在小车电池两端；

10. 小车放入螺线管，发现小车迅速从一端移动到另一端，并冲出螺线管；

11. 记录实验数据，根据数据做出分析，得出影响电磁小车移动的条件（磁铁方向、小车位置、外接电池数量等）。

注意事项：

1. 如果小车放入无反应，请检查所用电池是否有电，磁铁磁极是否按照要求磁极方向放置；

2. 如果放入小车，小车退出螺线管，请转换小车首尾方向后再次放入；

3. 如果小车在螺线管内卡住，请立即排除障碍，让小车继续运行，避免长时间通电，造成短路故障，否则电池会发热发烫。

(课后反思与作业)

1. 为什么磁铁必须要同极性相对？

2. 你能否在放入前，判断小车运行方向？（根据小车磁铁极性、电池极性、螺线管绕制方向判断。可以先假设，然后实验验证，再分析实验数据，最后得出结论）

3. 增加电池数量，是否会增加小车速度？由此，分析电池电压是否对小车运行速度有影响？

4. 请将实验过程照片或者视频上传至平台。

第二节　最简单的单极小电机

(实验目的)

1. 制作最简单的单极小电机；

2. 验证左手定则。

(实验原理)

通电导体在磁场中将发生移动，移动方向遵循左手定则。

(实验准备)

1. 旋转的铁钉电动机实验器材：

5# 碱性高能电池一节、铁钉一个、圆形强磁铁一块、软导线一根、曲别针一个、橡皮筋一根、胶带一卷。

2. 铜丝线圈旋转的电动机实验器材：

5# 高能碱性电池一节、圆形铁钕硼强磁铁两块、螺母一个、裸铜丝一根、1元硬币一枚。

(教学策略)

本节分别用铁钉和铜丝各做一个简易小电机，都是为了验证左手定则，同时也让学生实践电能转换为动能实验，因此两个实验可采用提前发布视频供学生预习，课上教师演示、指导学生实践的方法开展，然后学生总结，最后学生分组派代表独立讲解实验。

实验 1 步骤：

1. 将电池用胶带固定到桌子边缘正极朝上；
2. 把软导线一端接到电池正极上，用胶带固定好；
3. 把强磁铁吸到铁钉的尾部，然后把铁钉的尖端靠近电池负极，铁钉吸在电池上；
4. 再用软导线的另一端轻轻触碰强磁铁，磁铁与铁钉组成的"转子"就旋转起来了。

实验 2 步骤：

1. 将 1 元硬币放在最下面，钕铁硼磁铁放在硬币上；
2. 磁铁上面放一节 5# 电池，正极向上，正极上放一个螺母；
3. 取一段 10 cm 左右长的细铜丝，中间弯成一个略大于磁铁直径的小环后，剩余部分围成一个大环，两端重叠拧在一起大约 1 cm；
4. 让小环套过电池，放到磁铁位置；
5. 调整铜丝线圈的形状，把拧在一起 1 cm 尖端的部分放到螺母内，线圈就会旋转起来，改变强磁铁磁极的方向，线圈的旋转方向发生改变。

课后反思与作业：

1. 用铜丝做成各种可爱的形状，如心形、兔子头形等，让小电机转起来；
2. 单极电机转动方向是否可以控制？
3. 请把制作过程上传平台。

第三节　电磁炮

"电磁炮"，是一种用电磁力替代火药爆炸力的发射系统。它能把炮弹射速提高到极大的速度，一颗质量仅为 50 g 的子弹，可以加速到足以穿透 25 mm 以上的装甲钢板。电磁炮可用于天基反导系统摧毁卫星、拦截导弹；又可用于防空和反装甲；还可改善火炮，使之大大提高射程。我国第三艘航母福建舰采用"电磁弹射技术"可以使舰载机起飞大大提速，从而极大提升航母的战斗力；电磁力还可以发掘更多更大的潜能。

（**实验目的、意义：**）

1. 了解电磁加速原理、电磁弹射技术；
2. 加强电路连接技术训练；
3. 熟悉逆变电路及升压整流电路；
4. 掌握右手定则判断磁力线的方法；
5. 初步了解电子制作类实验授课要点。

（**实验原理：**）

电磁炮电路由五部分组成，下面以"贪猫"套件为例进行介绍。

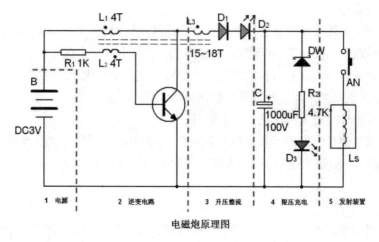

电磁炮原理图

1. 电源

电源是电路的能量之源，也是决定电路设计参数的基本条件。本电路采用 2 节 5# 碱性电池，标称电压 1.5 V，串联为 3 V，新买来的碱性电池空载测量有时候每节略微超过 1.5 V，串联后就会超过 3 V，这是正常的。电池用久了电压会有所下降，但是只要后面的逆变电路能够工作，一般对发射没有明显的影响，只和充电时间长短有较大关系。5# 干电池品种很多，尽量选用质量好的产品。还有可充的镍镉电池和镍氢电池，它们每一节的标称电压是 1.25 V，两节串联后是 2.5 V。它们也可以正常使用在电磁炮的电路中，因为这种电池除了可以充电而反复多次使用外，还有内阻小的特点，放电量比较大。

2. 逆变电路

实际上是电子振荡电路。之所以称它"逆变电路"，主要因为它把电源由直流电转变为交流电。我们通常用的很多电气设备里面的电源电路，都是把交流电变成直流电来供其他电路使用；但是在我们这类电路中则反过来，它把直流电转变为交流电，有"逆向"转换的意思。直流电是电压不随时间周期变化；而交流电的电压是随时间不断变化的，不但大小变化，而且方向也周期变化。逆变电路工作的关键，是要让三极管和电感线圈互相配合，使之构建成一个正反馈电路。好像玩秋千，当你荡到一定高度即将下来的时候适当用力推一下，如此反复，秋千就荡起来了。这个推一下的时机和用力的大小是很重要的。推得太早或太迟都是帮倒忙，没荡几下就结束了。在振荡电路中，三极管和电感线圈的连接是关键问题。三极管的 ebc 和磁环线圈的六个端头，只要一个接反了，振荡电路就不工作，逆变电路就没有高压交流电输出，达不到预期的目的。后面结合制作过程，我们还将详细讲解这个问题。

3. 升压整流电路

升压电路实际上是前面逆变电路中的一个部分。通过交流电在电感线圈中的互感作用达到升高电压的目的，这也是我们要把直流电源转化为交流电的目的。升高以后的电压也是交流电，通过整流二极管（我们采用 1N4148）把交流电又变成直流电，这种直流电已经和原来电压只有 3V 的直流电源完全不是同一个概念了。

有两点需要说明：

① 经过整流以后得到的直流电，实际上是"脉动的直流电"，那是一种大小变化而方向不变的直流脉冲；这一点和原来平稳的直流电是不一样的。

② 它们的电压值在数量级上差别也很大，原来是 3 V，现在脉冲幅度可以达到 100 V 以上。电感绕组 L_3 和 L_1 的比值将影响输出的直流脉冲幅度大小。

4. 限压充电电路

经过二极管 D_1 整流以后输出高压直流脉冲，再经过充电指示灯 D_2，对电容器 C 进行充电；D_2 发光的时候，说明有充电电流流过，充电在进行中；这时候，C 上的电压慢慢升高，最后接近 100 V。于是，稳压管（DW）被反向击穿而导通，有电流从电容 C 中"溢出"而流向电阻 R_2 和限压警示灯 D_3，D_3 发光说明电容 C 的充电电压已经达到稳压电路限定电压值，这时候即使继续充电，只要 DW 参数和 R_2 阻值选择恰当，C 两端的电压就不可能继续升高，达到了动态平衡。

通电以后，首先看到 D_2 发绿光，C 充电开始；过后一会儿，D_3 发红光，表示 C 被充电压接近 100 V，可以进行发射；如果不发射就断开电源，不应该继续充电。

5．发射装置

磁弹放入导管，按下发射开关即可完成发射。按下开关前应观察周边情况让导管瞄准空旷的发射方向。如果斜射，最好前面有铁质的屏障，如铁做的安全门、（书写用的）白板等，磁弹碰到以后能被吸住，便于寻找。

6．磁弹工作原理

磁弹和发射线圈之间是下图所示的关系，根据右手定则，四指和线圈内电流方向一致，大拇指所指即为电磁场 N 极。

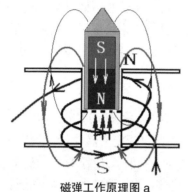
磁弹工作原理图 a

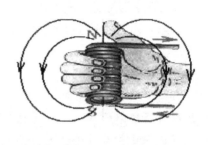
磁弹工作原理图 b

实验准备：

1．实验材料

电磁炮套件、5# 电池。

2．实验设备及工具

万用表、螺丝刀、镊子。

教学策略：

提前在平台发布学习视频，供学生预习。课上首先由教师讲授电路原理、元器件辨认、连接要点等，接下来由学生开始连接制作，然后在教师指导下测试电磁炮，最后学生分组比赛电磁炮的发射距离。课后学生反思与总结，把心得体会传至平台。

实验要点：

电磁炮一共 12 个元器件、13 个接点，没有一个是可以随便乱接的。

"要点"大致有以下几个：

1．逆变电路中电感线圈的连接

如果连接错误，振荡电路不起振，电路无法升压，导致不能发射。

2. 特别注意几个元件的"极性"

三极管 9013 的 ebc（e 发射极 b 基极 c 集电极）；

二极管 1N4148 的正负极、稳压二极管 DW 的正负极；

充电指示灯 D$_1$（绿色）、限压警示灯 D$_2$（红色）和大电解电容器的正负极；

3. 发射线圈首尾连接位置与顺序，必须和磁弹极性正确配合

以上三点我们将结合制作顺序逐一讲解。

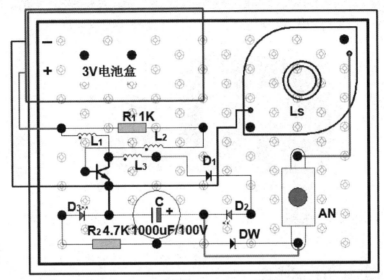

电磁炮安装图

(课堂教学)

1. 电路原理介绍；

2. 元件辨识及核对：按照元件示意图所示，把元件核对一遍；

3. 底板的小孔一共有 13 列，在每一列的下方用笔依次标上数字，以便在后面的制作中更快地找到相应小孔；

4. 用 2 颗螺丝固定电池盒，正负极导线向左边伸出；

5. A、B 是电路导电的触点，当螺丝拧紧时，A、B 两处紧密接触，既固定元件，又使电流通过金属螺丝互相导通；所以适当拧紧螺丝有利于电路接触良好。导线或元件引脚必须插入图中斜槽部分，这样当拧螺丝时既能使导线不会"跟转"，又可以增加电流导通的触点；尤其在连接其他引脚而必须重新起高螺丝时，原先安装的导线或引脚不易从螺孔中脱出。

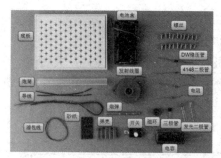

元器件示意图

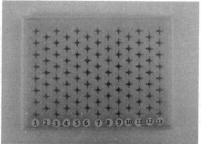

安装板示意图

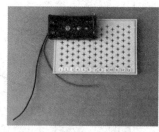

电池盒的安装

元件的固定

6. 升压电感绕制。首先用两种不同颜色（红黑／红黄／红白均可）的长护套导线双线并行穿绕 4 匝，见图 a。

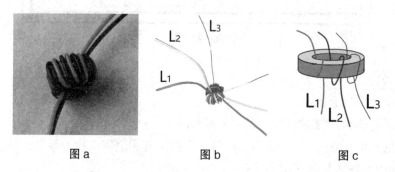

图 a　　　　　　　图 b　　　　　　　图 c

再将漆包线展开成一根，这样在接下来的操作中不易打结。用砂纸将漆包线两个端头的漆膜打磨干净（可将砂纸的磨面对折，夹住漆包线来打磨）。

最后用漆包线穿绕磁环 15 ~ 17 匝，电磁炮升压线圈由三个线圈组成：L_1 和 L_2 是双线并绕，L_3 是后来穿绕上去的。不论怎样穿绕，它们在绕成以后，如果线头都从中间环孔中穿出分开，那么总有三个头在磁环"上面"一边，另有三个头在磁环"下面"一边，不管怎样绕，这是唯一的结果，不会有第二个不同的结果（见图 b、c、d）。

7. 按原理图把线圈同名端正确连接到位。L_1（红色）头接 A，尾接 B；L_2（白色或黑色）头接 C，尾接 D；L_3（漆包线）头接 B，尾接 E。把护套电线剥出裸头长约 1 厘米（见图 d、e）。

注：在电路图中，通常用小圆点表示线圈绕组的"同名端"，凡是标有小圆点的线头要么都是绕组的头部，要么都是绕组的尾部。根据前面的分析，我们可以确定：在升压电感中，同名端都必定在磁环的同一边。

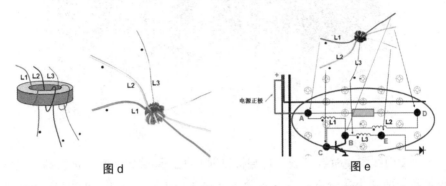

图 d　　　　　　　　　　　　　图 e

8. 把电阻 R_1 的一个引脚、升压电感头端的 L_1 导线金属部分、电池盒正极导线金属部分放入底板第 1 列第 4 个小孔中，用螺丝固定紧。

把 R_1 的另一个引脚、升压电感 L_2 尾端导线的金属部分放入底板第 5 列第 4 个小孔中，用螺丝固定紧（见图 f）。

本电路采用 2 个电阻：R_1 阻值 1K，色环标志是"棕黑黑棕棕"；R_2 阻值是 4.7K，色环标志是"黄紫黑棕棕"。我们现在安装的是 R_1，不要选错。

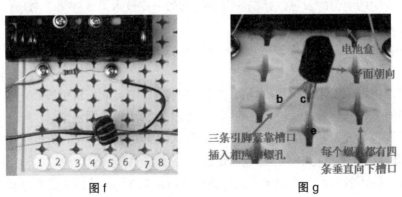

图 f　　　　　　　　　　　　图 g

9. 把三极管的引脚放入底板相应的小孔中：e 极放在第 3 列第 6 个小孔里，c 极放在第 3 列第 5 个小孔里，b 极放在第 2 列第 5 个小孔里。

10. 把升压电感 L_2 头端导线金属部分放入底板第 2 列第 3 个小孔中，用螺丝固定紧。把升压电感 L_3 头端和 L_1 尾端导线金属部分放入底板第 3 列第 5 个小孔中，用螺丝固定紧。

11. 把电池盒负极导线和一根单独导线的金属部分放入底板第 3 列第 6 个小孔中，用螺丝固定紧（见图 g、h）。

12. 把红色发光二极管的正极"+"引脚（长的）和 R₂ 电阻的任意一根引脚放入底板第 1 列第 7 个小孔中，用螺丝固定紧（见图 i）。

图 h　　　　　　　　　　　　图 i

13. 发射线圈逆时针绕制，首端接发射开关，尾端接电源盒负极端。把发射线圈底面的两个小孔分别对准底板第 8 列第 3 个小孔、第 13 列第 1 个小孔（注意漆包线的绕向），用螺丝固定紧。

14. 电解电容器的引脚比较粗，插入螺孔时特别注意要插得浅一点，基本上不进入槽口；而螺丝拧紧的时候也要用力适度，这样既可固定电容器，又使接电的导通保持接触良好。

15. 把发射线圈尾端的漆包线、电容的负极"−"引脚红色发光二极管的负极"−"（短的）引脚及已连接的单独导线的另一端放入第 3 列第 7 个小孔，用螺丝固定紧。

16. 把升压电感尾端的漆包线和 1N4148 二极管的正极引脚放入底板第 8 列第 5 个小孔中，用螺丝固定紧。

17. 将绿色发光二极管的负极"−"（短脚）、电容的正极引脚和一根单独导线一端的金属部分放入底板第 7 列第 7 个小孔中，用螺丝固定紧。

将绿色发光二极管的正极"+"（长脚）、1N4148 二极管的负极引脚放入底板第 10 列第 6 个小孔中，用螺丝固定紧。

18. 稳压管 DW：体积比整流二极管 1N4148 稍大，整体为黑色，带灰圈的一端在上。将 R₂ 电阻的另一根引脚和稳压管 DW 的正极"+"引脚放入底板第 7 列第 8 个小孔中，用螺丝固定紧。

将稳压管 DW 的负极"−"引脚、单独导线的另一端放入底板第 13 列第 8 个小孔中，再将开关的一个接线片孔对准该小孔，用螺丝固定紧。

19. 将发射线圈的起始端放入底板第 13 列第 5 个小孔中，再将开关的另一个接线片孔对准该小孔，用螺丝固定紧（见图 j、k）。

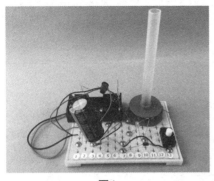

图 j

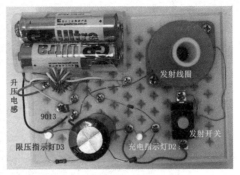

图 k

20. 将炮筒装到发射线圈的孔中（见图 j）。

21. 先不要在发射导管内装上磁弹，首先观察加电以后 D_2 是不是先亮起来，稍后，D_3 也慢慢点亮了。这说明电路基本正常。可以把干电池断开，按一下发射开关，把电容 C 上的高压暂时放掉，开始做发射磁弹的准备。如果电源不断开，按了开关以后，电路立即会再次充电（见图 k）。

注意：怎样断开电源？很简单，只要把其中的一节干电池的正极拉出抬高让它和电池盒内的极点脱离接触就可以了。磁芯直径为 4 毫米、高度为 10 毫米的圆柱体，按照前面发射线圈的连接方式，磁弹的极性应该是 S 极朝向弹套的尖头。

22. 磁弹箭头朝上放入导管，等 D_3 限压警示灯发光，按下发射开关，磁弹就会从导管飞出。

课后反思及作业：

1. 发射距离与哪些因素有关？

2. "子弹"如果不是"磁弹"是否可以？

3. 制作中遇到哪些问题，如何解决的？

4. 请将制作过程拍照上传至平台。

第四节　心形闪烁灯

套件资料来源于电子爱好者之家

三色 LED 循环灯套件，是极具流动色彩的循环灯套件产品。套件包含 18 只 LED，红、黄、绿相间分成 3 组，组成一个心形排列的图案，并由三只三极管及外围元件组成的振荡电路分别控制，使心形图案的三种颜色不断点亮，看起来像是按顺时针方向旋转，特别是在夜间点亮时，流光溢彩，动感绚丽，寓意深远。是在圣诞、元旦、春节、情人节等喜庆节日、温馨时刻表达爱心的最佳选择！元件布局美观，方便焊接训练和提高美观度。

实验目的、意义：

1. 了解影响充放电电路时间常数的因素；
2. 熟悉三极管饱和、截止的控制方法；
3. 训练电子电路焊接及调试技术，为以后教学夯实基础。

实验原理：

如图所示，电路由三个相同的子电路组成，每个子电路对应控制一组相同颜色的 LED。每组的 6 个 LED 采用并联的方式接入电源正极，负极回路串联一个 100 欧的电阻进行限流，再通过三极管控制通断。当某个三极管的 CE 极导通，相当于开关闭合，LED 和限流电阻回路接入电源，LED 就会被点亮。三个子电路的三极管轮流导通，就呈现出三种颜色的 LED 旋转闪亮的视觉效果。

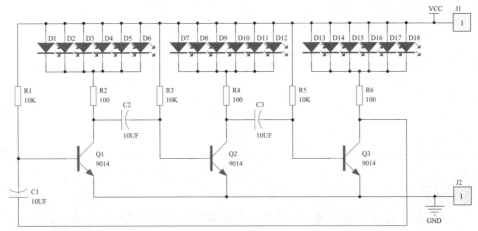

电路原理图

当电路接通电源时，三个三极管基极正向偏置，都要导通，但由于元器件存在差异，导通时间会出现先后，将有 1 只三极管最先导通，假设 Q_3 最先导通，则 D_{13} ~ D_{18} 这一组点亮，由于 Q_3 导通，CE 极等于接通，相当于三极管集电极（C 极）接地（电源负极），从而使得电容 C_1 下端接地，因此 Q_1 的基极电压也被拉低，Q_1 截止，故接在 Q_1 控制回路的 D_1 ~ D_6 这一组熄灭。此时 Q_1 的集电极高电压通过电容 C_2 使 Q_2 基极电压升高，Q_2 也将随之迅速导通，D_7 ~ D_{12} 这一组点亮。因此在这段时间里，Q_2、Q_3 的集电极均为低电平，D_{13} ~ D_{18} 和 D_7 ~ D_{12} 这两组被点亮，D_1 ~ D_6 这一组熄灭。

因为 Q_3 的导通，电源通过电阻 R_1 对 C_1 开始充电，Q_1 的基极电压逐渐升高，当超过 0.7V 时，Q_1 由截止状态变为导通状态，D_1 ~ D_6 这一组点亮。此时，Q_1 的集电极相当于接地，电容 C_2 接地，使 Q_2 的基极电压也降低，Q_2 由导通变为截止，D_7 ~ D_{12} 这一组熄灭。以此类推，子电路按照上述过程循环导通与截止，3 组不同颜色的 LED 便会轮流点亮和熄灭，同一时刻有 2 组 LED 被点亮。这些 LED 交叉排列组成一个心形图案，看起来像循环流动闪烁发光，达到"流水"的效果。

（实验准备）

1. 实验器材

实验套件、焊锡丝、电池。

2. 实验设备及工具

焊接工具、镊子、水口钳、万用表。

表 4-1 套件元件清单

元件名称	数量	位置	元件名称	数量	位置
电阻 100 Ω 四环：棕黑棕金 五环：棕黑黑黑棕	3	R_2, R_4, R_6	电阻 10 kΩ 四环：棕黑橙金 五环：棕黑黑红棕	3	R_1, R_3, R_5
5mm 红色 LED	6	D_1~D_6	电解电容 100μF	3	C_1, C_2, C_3
5mm 黄色 LED	6	D_7~D_{12}	电池盒	1	J_1, J_2
5mm 绿色 LED	6	D_{13}~D_{18}	PCB 板	1	
三极管 9014	3	Q_1, Q_2, Q_3			

（教学策略：）

提前在平台发布预习视频，学生了解基本的工作原理及成品工作的状态。课上首先由教师讲解电路原理，接着辨识元器件，然后指导学生进行电子电路制作调试实践，最后学生测试作品，完成本次实验。

（课堂教学：）

1. 分析电路工作原理；

2. 把烙铁放到烙铁支架上，通电预热；

3. 拿到套件后，放到实验台面上，按照元件分类，认真清点辨识元器件，防止丢失；

4. 焊接电阻器。电阻值大小参考色环电阻标识，如果无法分清色环颜色，用万用表测量后确认。焊接完毕后，用水口钳剪下多出来的管脚。以下元件焊接完毕后同样剪去多余管脚；

5. 焊接电容器。电解电容长脚为正极，外壳上标有"–"对应管脚为负极；

6. 焊接三极管。注意 9014 三极管方向，缺口方向和电路板图示方向一致；

7. 焊接发光二极管。先焊接红色，间隔两个 LED 位置焊接，共 6 只；再焊接绿色，排列在红色后面，共 6 只；最后焊接黄色，排列在绿色后面，共 6 只，合计 18 只。注意，二极管长脚为正极，不要焊反；

8. 焊接电池盒。红线接 VCC，黑线接 GND；

9. 检查无误后，安装电池，观看效果。

（注意事项：）

1. LED 正负极不要焊错，长脚是正极，建议顺序是红绿黄这样的间隔；

2．电阻位置不要放错，建议用万用表测过阻值再焊接；

3．三极管不要插反，方向要跟板子上的图例一致，焊接时，用镊子夹住管脚；

4．电解电容极性不要搞错，长管脚是正极；

5．电源正负极不要接反，VCC 接电池盒的红线正极，GND 接黑线负极；

6．焊接过程稳扎稳打，不要出现短路和虚焊，焊接 LED 管脚时间不宜过久，以免烫坏元器件；

7．如果同一颜色的 LED 都不亮，最大可能是其中一个或几个 LED 焊接短路；如果单独一个不亮，检查此 LED 是否虚焊或损坏。

课后反思与作业：

1．LED 灯如何实现"循环"点亮？

2．如果出现一种颜色 LED 灯部分闪亮，如何解决？

3．焊接调试过程中还遇到哪些问题？

4．请将制作过程及最终作品闪亮视频上传至平台。

附图：制作过程图片

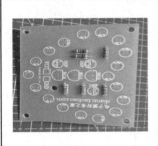	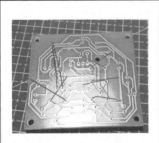	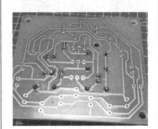
安装电阻	未焊接的电路板	剪除多余管脚
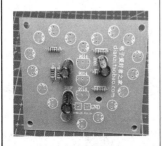	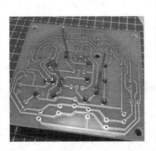	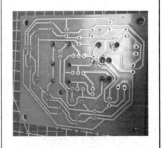
安装电解电容	焊接完毕未剪管脚	剪除多余管脚

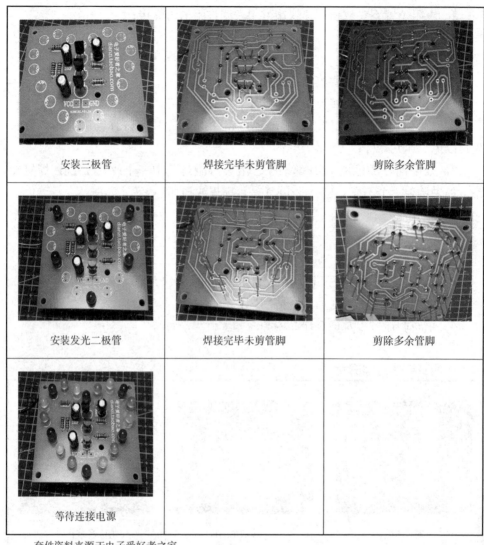

安装三极管	焊接完毕未剪管脚	剪除多余管脚
安装发光二极管	焊接完毕未剪管脚	剪除多余管脚
等待连接电源		

套件资料来源于电子爱好者之家

第五节　光电巡线小车

　　光电巡线小车是一款集电子及控制技术、机械传动、传感技术、焊接调试技术等于一体的智能小车，为学校 STEM 教育的首选项目，学生通过动手实践，能增加对科学技术的兴趣，大大提升解决实际问题的能力。本项目还可以扩展为自动循迹小车、行走机器人等课题。

1. 了解基本的闭环控制电路原理与结构；
2. 熟悉光电传感器、电压比较器、电机驱动控制器的工作原理；
3. 加强电子电路焊接技术与调试技术的训练；
4. 掌握电机传动与减速的机构与方法；
5. 掌握光电循迹小车教学要点。

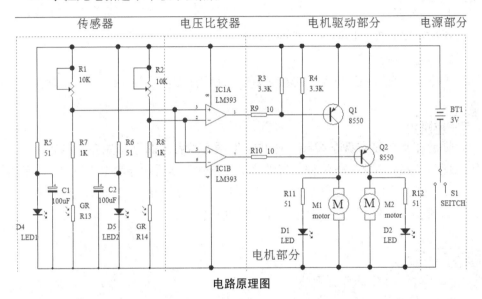

电路原理图

实验原理：

　　本电路由传感器电路、电压比较器、电机驱动电路、电源电路四部分组成。传感器电路由两组发光二极管和光敏电阻组成，每组两个元件分别位于黑线的一侧，当二极管发出的光照射到白纸上的黑线或空白处，反射光线到达光敏电阻的强度发生变化，光敏电阻的阻值也随之变化，电阻两端电压也发生变化。

　　LM393 是一块双路运算放大器集成电路，内含两个独立的精密电压比较器模块，和外围元器件一起，组成循迹小车的电压比较器，根据两路输入电压的高低改变输出电压的大小。其输出有两种状态：下拉接近低电平或者接近开路。当左侧传感器"检测到"黑色轨道线，即左侧发光二极管和光敏电阻偏向黑色跑道，反射光线不足，传感器输出电压变化，左侧电压比较器的输入电压出现不平衡，比较器输出开路，左侧三极管截止，左侧电机停转，而右侧电机继续旋转，从而使小车向左转，左侧传感器远离黑色跑道；当左侧传感器"检测到"白色，输出预设电压，比较器比较输入电压平衡，输出低电平，三极管导通，左侧电机转动，驱动小车前进；同理，如果右侧发光二极管和光敏电阻偏向黑色跑道，右侧电压比较器输入不平衡，比较器输出开路，右侧三极管截止，右侧电机停转。由于左侧电机继续旋转，使得小车向右转，右侧传感器远离黑色跑道，小车恢复到正确的方向。整个过程是一个闭环控制，快速灵敏地控制小车左右晃动，总体方向看起来是沿着黑线"循迹"向前行驶。

实验准备：

1. 实验器材

循迹小车套件、焊锡丝、松香、电池。

2. 实验设备及工具

万用表、直流稳压电源、焊接工具、水口钳、镊子。

教学策略：

提前在平台发布教学视频，通知学生预习观看。课上首先介绍循迹小车工作原理、各部分电路工作流程。接着辨识元器件，然后指导学生进行电子电路焊接调试实践，最后用稳压电源调试小车电路，无误后交给学生细调光电传感器位置，达到准确"循迹"行驶效果。课后反思及总结。

课堂教学：

1. 循迹小车电路原理介绍；
2. 元件辨认：把元件包装打开，核对元件；

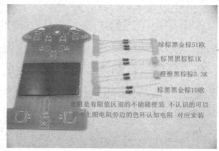

元件图 a   元件图 b

3. 电路焊接

电路大部分元件安装在元件面，只有光电传感器的 4 个元件安装在焊接面。

元件面部分：

（1）焊接 8 个电阻，焊接前核对色环或用万用表测量，确认阻值是否正确（图 c）；

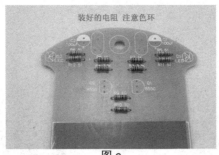

图 c

（2）焊接三极管、可变电阻及芯片座，注意三极管及芯片座缺口的方向。焊接三极管可用镊子夹持管脚（图 d、e）；

图 d

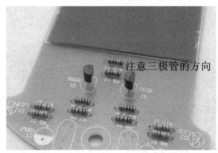

图 e

（3）焊接发光二极管 D_1、D_2，电解电容 C_1、C_2，开关 S_1。注意二极管和电解电容的正负极不要焊错（图 f）；

（4）检查焊接面已经焊好的元器件焊点是否有虚焊（图 g）；

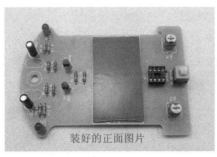

图 f

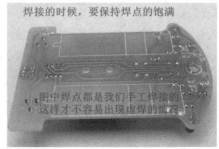

图 g

焊接面：

（1）安装万向轮。由于电路板限制，万向轮用螺丝及螺母代替（图 h）；

图 h

图 i

（2）安装光敏电阻和发光二极管 D_3、D_4。发光二极管和对应光敏电阻间隔 5 mm 左右，光敏电阻距离圆头螺母顶端 5 mm 左右（图 i）；

（3）焊接减速电机。电机转速很高，驱动小车必须减速，否则小车跑得太快无法及时控制，而且未经减速，可能因转矩太小导致无法启动（图 j、k、l）；

图 j

图 k

图 l

（4）撕下双面胶，粘到电池盒背面，安装电池盒（图 m、n、o、p）。

下双面胶粘上电池盒即可

图 m

池盒的引线穿过固定孔

图 n

引线剪短至合适的位置

图 o

焊接时注意正负极

图 p

机械组装

（1）把两个塑料轮毂和硅胶轮胎圈组装成轮子，将胶圈套上轮毂即可。用两个螺丝把轮毂固定在电机的转轴上，避免轮子脱落；

（2）插入芯片，注意芯片缺口方向（图 q）。

注意芯片的安装方向

图 q

调试

（1）用直流稳压电源调试电路，使得遮挡传感器时候正常动作；

（2）拿起小车，按下灰色按键开关，用手捂住左边的光敏电阻，用螺丝刀轻轻旋转左边的可调电阻，直到右边的灯（电路板元件面的指示灯）不亮，且右边

111

的电机不转，说明这一路调试完成；

（3）用手捂住右边的光敏电阻，用螺丝刀轻轻旋转右边的可调电阻，直到左边的灯（电路板元件面的指示灯）不亮，且左边的电机不转，说明另一路也调试完成；

（4）稳压电源调试完毕，电池盒内装入2节5#碱性电池，把万向轮圆头螺母放在黑色跑道上；

（5）按下小车后面灰色按键开关，小车将沿跑道左右晃动向前行驶；

（6）如果不能正常循迹行驶，请把小车再次放到跑道上，调节发光二极管和光敏电阻高度、间距后，再微调两个可调电阻，直至小车正常循迹行驶；

（7）各组把小车放到竞赛轨道上，测试准确无误到达终点的时间。

课后反思及作业：

1. 巡线小车在教室里比赛轨道中行驶，如果地面脏污，会不会影响小车正常工作？

2. 如果在黑色实验台桌面贴上白色胶带，需要如何调整才能够使得小车沿着白线循迹行驶呢？

3. 一个完整闭环控制，都由哪几部分组成？

4. 请将制作过程及作品测试视频上传至平台。

第五章

技术与工程领域之科技模型实验

　　学校科学教育中的科技制作模型分为航空、航海、车辆、建筑等，科技模型活动以践行社会主义核心价值观、立德树人理念为引导，不仅能让学生掌握科技知识，激发科技报国之情，还能让学生感受到学习乐趣，在"玩"中学，在"学"中玩。本章以手掷式模型飞机、橡筋动力模型飞机、遥控纸飞机、四旋翼飞机为主，介绍航空模型的制作及调试；以洞庭号自航帆船、蒸汽动力船、红船为例，介绍海模的制作；最后以抛石机模型为例，介绍车辆模型。通过学习科技模型环节，了解中国航天之父冯如研制中国第一架飞机的故事，让学生学习中国"工匠精神"，增强社会责任感。

第一节　手掷式飞机

实验目的：

　　1. 掌握手掷式模型飞机飞行原理及各部分的作用；

　　2. 了解模型飞机结构，学会看组装流程图；

　　3. 训练切削、打磨、加工零部件的技能，掌握各部分的组装要领；

　　4. 培养细心稳重的学习态度，培养学生的创新精神，锻炼动手实践能力。

实验准备：

　　1. 实验器材

　　手掷式模型飞机套件、砂纸、胶水等。

　　2. 实验设备及工具

　　美工刀、切割垫、水口钳、锉刀、镊子。

实验原理：

　　伯努利定理，是流体力学中的一条基本原理，由瑞士流体物理学家丹尼尔·伯努利在 1726 年提出。著名推论为：等高流动时，流速越大，压强越小。根据伯努利定理，机翼上方空气流速大于下方流速，产生向上的"升力"。

（教学策略：）

通知学生预习平台上发布的有关我国航空航天成就视频，进行爱国主义教育。课中以教师讲授和现场指导实践为主，引领学生正确制作调试，最后放飞。

（课堂教学：）

1. 飞机制作

制作前，认真阅读飞机图纸，了解模型飞机的各部分结构、各部件尺寸及工艺细节等。

（1）在将裁切并画好线的机翼轻木片表面用砂纸板打磨出机翼翼型。沿机翼上表面两条线，分别向前后打磨至边缘。一边打磨一边用翼型卡板比对，直至机翼外型和翼型卡板刚好吻合，机翼能顺利通过翼型卡板（图 a、b、c）。

图 a　　　　　　　　图 b　　　　　　　　图 c

（2）按照图纸，将机翼根部打磨，按照翼型卡板的 150 度角用 502 胶水粘接好。注意中线刈齐（图 d）。

（3）将机翼和粘好尾翼的机身粘在一起。注意机翼较厚一边向前，千万不要安装反了。把机翼的中缝粘在机身上。粘接之前先看看是否配合良好，配合不好的话，先用砂纸修一下机翼中缝处棱角，以便于粘接。可以先点稍许胶水，粘住但不要粘牢。将飞机反过来放在桌面上。从上面看机身是否竖直，机翼是否对称，调整完全对称时用足量胶水将机翼粘牢（图 e）。

（4）粘接尾翼。将机身和尾翼粘在一起，从前面看是否对称，从上面看要垂直，有问题要及时修正（图 f）。

（5）所有毛刺突起的部分，用美工刀、砂纸、水口钳等进行修整。

 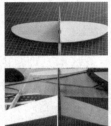 

图 d　　　　　　　　图 e　　　　　　　　图 f

2. 试飞调整

（1）调试

①首先按照俯视图检查：模型的左右必须对称；

②然后按照模型的前视图检查：水平尾翼，必须水平；垂直尾翼，必须垂直；机翼的左右上反角，必须相等。

③最后按侧视图检查：重心位置在机翼前方，较为理想。若不平衡可在机头或者尾部配重。

（2）检查重心

飞机机头在前，垂直尾翼向上放置。用大拇指和食指稍微捏住理想重心位置，机头向下说明头重，机尾要配重，反之机头要配重。

（3）配重方法

模型机身的头部/尾部粘上双面胶，用配重袋里面的小颗粒粘到双面胶上进行配重，调整配重，使整架飞机的重心位于图纸所示的重心位置。

（4）试飞

①手掷试飞：

手掷时，保持模型机身轴线和投掷的方向一致。投掷出力要适度，不大不小。根据飞机飞行的轨迹微调重心，使得飞机达到最佳的飞行效果。

②小力量手掷：

用大拇指和食指捏住模型飞机重心稍后的位置，手举过头，机头稍微向下5～10度，迎着风将飞机向前水平掷出，让模型飞机自由滑翔；千万不要向上掷，或向下掷，在出手的瞬间，一定要保持水平姿态飞机才能正常滑翔。

③大力量手掷：

小力量手掷试飞正常后，将模型飞机对天空大力量手掷试飞。模型的出手角度控制在45度左右，模型飞机出手时的倾斜方向应与下滑时的盘旋方向相反。

如出现模型上升到很高的高度后，不能盘旋滑翔而是俯冲落地，则说明机翼相对安装角太小，可向上弯曲水平尾翼后缘来实现；

若希望模型飞机出手后翻正筋斗，则可增大掷出的倾斜角度；如还不能实现，向下弯曲水平尾翼后缘，减小水平尾翼与机翼间的安装角差；

为了不飞出场地，可稍稍将垂直尾翼打一角度，便于盘旋飞行。

课后反思及作业：

1. 如何能够让飞机飞行时间更长、飞行更远呢？（通过观察飞行姿态、调整舵面的角度等方法，总结达到理想的飞行状态的方法）

2. 制作和试飞模型遇到了哪些问题？

3. 如果飞机增加动力，应该如何设计和调整？

4. 精细的做工是良好飞行的前提，请总结经验、大胆创新，形成心得体会提交平台。

第二节　橡筋动力飞机

实验目的：

1. 掌握橡筋动力模型飞机飞行原理及各部分的作用；

2. 了解橡筋模型飞机结构，学会看组装流程图；

3. 训练切削、打磨、加工零部件的技能，掌握各部分的组装要领；

4. 培养细心稳重的学习态度，培养创新精神，锻炼动手实践能力。

实验准备：

1. 实验器材

橡筋动力模型飞机套件、砂纸、胶水等。

2. 实验设备及工具

美工刀、切割垫、水口钳、锉刀、镊子。

实验原理：

伯努利定理。

教学策略：

通知学生预习平台发布的有关我国航空航天成就视频，进行爱国主义教育。课中以教师讲授和现场指导实践为主，引领学生正确制作调试，最后放飞。

课堂教学：

1. 飞机制作

（1）取出机翼与翼台组件；

（2）把翼台粘接到机翼中段，注意弧度较大是前缘；

（3）切断机翼，分别在中段粘接尾杆，翼尖不粘接翼肋；

（4）翼尖部翼肋用上反角样板修磨斜面；

（5）机翼上反角以样板为准，样板不要粘接到机翼上；

（6）完成的机翼修磨光滑备用；

（7）组装尾翼组件；

（8）在平台上粘楼水平尾翼到尾杆；

（9）粘接垂直尾翼后备用；

（10）机身套硅胶圈备用；

（11）在尾部安装橡筋机构；

（12）用硅胶圈固定机翼到机身，距离机头约 90mm；

（13）橡筋打结分股备用；

（14）动力橡筋安装到机身；

（15）完成飞机模型，准备试飞。

2. 调试

（1）重心调整

机翼组件与机身是分开的，使用 O 型圈连接，便于飞机调节重心，只需要调整位置即可。

（2）试飞

①手掷试飞：

手持机身重心处，将模型高举过头顶，以 0 度角迎风掷出，模型出手后会平稳滑翔，直至落地，完成一次飞行。

②动力试飞：

顺时针用手拨动螺旋桨，上橡筋 80 ~ 150 圈，手持机身重心处，将模型高举过头顶，用力向上 40 ~ 60 度角迎风掷出，模型出手后会迅速爬升，到初始动力末段，飞机从爬升状态进入滑翔状态，直至落地，完成一次飞行。

具体调整飞机及飞行请自行参阅有关资料。

三、注意事项

带动力的航空模型有一定风险性，请在有经验的成人指导下完成试飞。

课后反思与作业：

1. 模型飞机的重心位置影响什么？

2. 如果把橡筋动力换成发动机动力，模型飞机是否可以持续飞行？

3. 请把制作过程上传至平台。

第三节　遥控纸飞机

实验目的：

1. 了解纸飞机的结构及飞行原理；

2. 掌握纸飞机的制作与操控技术；

3. 学会纸飞机的调试，熟练使用工具。

实验准备：

1. 实验器材

飞行控制器套件、KT板、砂纸、胶水（AB胶、白乳胶）、胶棒、焊锡丝、电池等。

2. 实验设备及工具

美工刀、切割垫、水口钳、锉刀、镊子、钢尺。

实验原理：

遥控纸飞机是一款成本低廉、耐炸、适合新手入门，便于存放，耐磕碰，适合各种DIY以及暴力飞行的飞机模型，根据伯努利定理，副翼上仰，上表面流速低压强大，副翼位置被压低，电机旋转进而产生升力。具体原理参阅模型飞机所述伯努利定理内容。

成品飞行实拍 a

成品飞行实拍 b

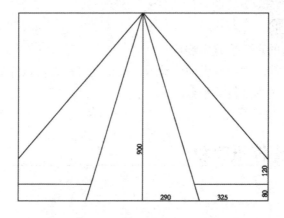

标准版纸飞机图纸（翼展 1000 mm）

教学策略：

提前发布通知，让学生观看平台成品纸飞机飞行视频，对纸飞机有初步的认识，并激发学生参与热情。课堂上以教师指导为主，学生完成整个制作过程，飞行必须在教师亲自指导下飞行，避免出现安全事故。建议学生可以先在电脑上用仿真软件练习，熟练后再实操。鼓励有兴趣特长的学生课后多练习飞控。

课堂教学：

一、制作过程

1. 搭建机架

根据设计图，裁选板料。机翼机身用红蓝色板做，头部电池挡板及衬板用厚重结实的白色料子，根据选用的不同料子在板子上按照图纸画出各个组成部分后，用美工刀或者电热丝把每个部分切出来。

注意：检查机身机翼尤其是机翼尾翼部分，一定要对称！如果尺寸相差大一定要重做，切好后用重物压一夜把板子压平；然后在机翼和尾翼上把斜面做出来，并开好舵机安装板的孔；可根据图纸比例放大或缩小飞机尺寸，机身越大越稳定、同时要求电机转速更快、桨叶更大。

2. 固定机架

用碳纤维管固定机架，中间两根碳纤维宜控制在 100 mm 左右，进而使得电机电调装置更好固定连接，使用热熔胶固定碳纤维及机身。

飞机顶部呈 60 度角最为稳定，翼展 1000 mm。为保证结构坚固，可在顶部凹槽填充。

3. 连接各器件

舵机与副翼连接：舵角宜接近俯仰摆动处，使得舵机旋转相同角度，副翼俯仰区间更大（类比开关门）；

各器件应尽可能控制在机身中心线位置进而控制重心于二分之一处；

电机连接应呈一定角度，前低后高，从而使得电机推力与重心（机身 V 槽空心处）在同一直线处，在 AB 胶凝固的过程中可以上舵机。

用乳胶把舵机固定片固定到电机座上，后上舵机，上舵脚时用热熔胶打边，再上遥控器，上电调，舵机调零，尾翼带点升舵，但要确保脱控时飞机能平飞，降落缓和。

等电机座固定好后，上电机螺旋桨。桨叶安装影响推力方向，若方向相反，可通过交换电调左右两侧连接线改变方向，再通电调试。

二、调试

1. 重心调整

机身越大相对于各电子器件容错率越高，重心控制在二分之一处，通过电池扎带可自行调整锂电池位置，调整重心。

2. 升降舵调整

升降舵混控，幅度百分之八十左右（太大飞行姿态会难以控制）。

3. 碳杆位置调整

做纸飞机新机型或缩小放大比例时，碳杆位置不确定，可以用取两端极端值的方法确定，并且先不上扎带固定。

三、试飞

起飞时油门应推到最大，一旦起飞，拉低油门在三分之一至二分之一处。

可由遥控模拟器在电脑模拟飞行熟练后再进行实战演练。

1. 首飞

电池靠前，重心前移，放飞机上天后，再对副翼和升降舵进行微调，从而使其能平飞。

2. 继续试飞

首飞效果良好后，再用扎带进一步固定好碳杆位置，上碳杆时要远看来调水平和垂直居中位置。

注意事项：

1. 如果飞机使用三叶桨，则金属马达固定座一定要用 AB 胶固定，不能用热熔胶，不然强度不够会爆桨。

2. 任何东西都不要放在螺旋桨横断面上（若不起飞请开启油门锁定）。

（1）推荐站位：拉力推进的机体横断面后面，双腿直立挡住机翼前缘；

（2）若螺旋桨产生推力，可以尝试踩住机头；

（3）最好多买几个螺旋桨，出去飞也要带上几个，因降落的时候受风切变影响很大，易出现机体倒扣、断桨。

3. 最好直接上金属齿轮舵机（飞行中，电机螺旋桨坏了还可以操控舵面滑行降落，舵机坏了会导致飞机报废），尽量不用塑料舵机。

4. 舵角用螺丝连接，不建议使用塑料卡固定，在螺丝上打上一点热熔胶，加一道保险。

5. 用泡沫胶粘接舵面（提高铰接稳定度），固定后再上胶布粘死（第二道保险）。

6. 电池可以放在纸飞机机头板上，或者塞到机头板下面的 V 槽里面。

课后反思及作业：

1. 影响纸飞机稳定飞行的因素都有哪些？
2. 如果要提供更大动力，是不是提高电机转速就行？
3. 是否可以加大螺旋桨尺寸来提升飞机动力？
4. 请把制作过程及飞行视频上传至平台。

附：参考器材及材料

1. 电机及桨叶

用于产生飞机动力。

电机可选：新西达无刷电机，20元左右；郎宇无刷电机，50～100元；涵道电机。

桨叶可选1400 KV（8寸）、2450 KV（6寸），数量：1套（桨叶若干备用）。

2. 舵机

控制副翼及尾翼俯仰。

银燕舵机（9 g或12 g，金属轮），数量：2个，60元左右。

3. 电池

作为电源提供能量供给。

3S（11.1V）2200 mA锂电池，数量：1～2块，60～120元。

可选BB响（用于检测锂电池电量及低电量提醒，直接带上天）。

4. 电调

用于调整电流电压，接收控制信号，驱动电机工作。

无刷电子调速器，30～40 A，数量：1个，30～50元。

5. 热熔胶枪

用于粘接机体。

胶棒直径有7 mm和11 mm等，长度有190 mm和260 mm等，优先选择11 mm。

6. 连接件

用于各器件的连接。

如Z型拉杆（硬铁丝）、魔术贴、舵机延长线、电池扎带、舵角、自锁式卡扣扎带，数量：若干。

7. 空心碳纤维管（5 mm×1000 mm）

用于机身固定。

两根固定在电机座上，一根在尾部翼展最长处，数量：2个。

8. KT板

用于搭建机架。

可选 1.2 m×2.4 m 大板切割，美工刀或电热丝切割。

9．航模遥控器及接收机

用于遥控飞机飞行。

可选富斯 i6（入门神控）、Jumper tlite 手柄控、天地飞七。

接收机选 6 通道。数量：1 套。

10．扩展配件

灯带、起落架、摄像头、图传、运动相机、GPS 等。

第四节　四旋翼飞机

实验目的：

1．了解四旋翼飞机结构及飞行原理；

2．学会组装、调试四旋翼飞机；

3．掌握操纵四旋翼飞机的方法。

实验原理：

四旋翼飞机又叫四旋翼飞行器。飞行器机体的前后、左右四个方向对称分布了四个旋翼，它们处于同一平面高度，且结构和半径都相同，飞行器的支架端对称地安装了四个电机，支架中间空间安装飞行控制模块。

调节四旋翼飞机的四个电机转速能改变旋翼螺旋桨的转速，改变升力的大小，从而控制四旋翼的姿态和位置。四旋翼飞行器虽然只有四个输入力，但是有六个状态输出，能够实现六自由度的垂直升降。

如图所示，电机 1 和电机 3 逆时针旋转，电机 2 和电机 4 顺时针旋转，因此当飞行器平衡飞行时，陀螺效应和空气动力扭矩效应均被抵消。

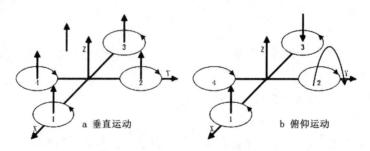

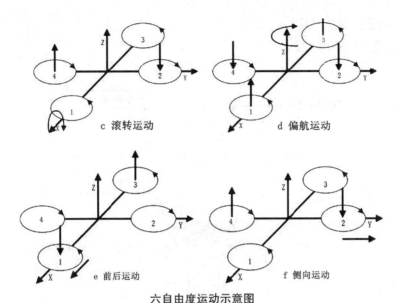

c 滚转运动　　　　d 偏航运动

e 前后运动　　　　f 侧向运动

六自由度运动示意图

我们规定沿 X 轴正方向运动称为向前运动，Y 轴方向为左右运动方向，Z 轴方向为上下移动方向。箭头在旋翼的运动平面上方表示此电机转速提高，在下方表示此电机转速下降。

1. 垂直运动（见图 a）

同时增加四个电机的输出功率，旋翼转速增大，总的升力增大，当总升力大于四旋翼机体的重量时，四旋翼飞行器将垂直上升；反之，四个电机的输出功率同时减小，四旋翼飞行器则垂直下降，直至降落，实现了沿 Z 轴的上下运动。当旋翼产生的升力和飞行器的重量相等，且外界扰动量为零时，飞行器将悬停。

2. 俯仰与前后运动（见图 b、e）

电机 1 的转速加大一定量，电机 3 的转速减小相同的量，电机 2 和 4 的转速保持不变。因为旋翼 1 的升力大于旋翼 3 的升力，产生的不平衡力矩使机身绕着 Y 轴向后仰起旋转，同理，当电机 1 的转速下降一定量，电机 3 的转速增加同样大小的量，机身便绕 Y 轴向下俯卧方向旋转，这样就实现了四旋翼飞行器的俯仰运动。如果仰起少量的角度保持下去，四旋翼将向前运动；如果俯下少量角度保持下去，四旋翼将向后运动。

滚转运动、偏航运动、侧向运动原理，请同学们自行分析。

实验准备

1. 实验器材

四旋翼飞机套件、5# 碱性电池 4 节。

2. 实验仪器及工具

十字花小螺丝刀。

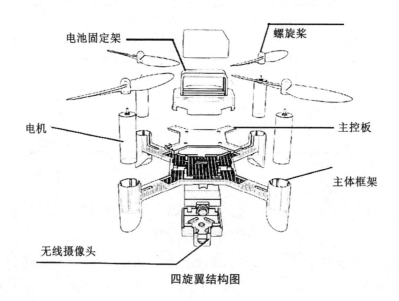

四旋翼结构图

教学策略：

　　揭前发布通知，学生在平台预习四旋翼飞机教学视频，初步了解四旋翼飞机结构、飞行原理，提前给套件电池充电 30 分钟。课上介绍各部分部件，指导学生组装调试，最后实操飞控。

课堂教学：

　　1. 介绍四旋翼套件的结构及各部分功能

　　2. 组装四旋翼

　（1）安装电路板，注意安装方向；

　（2）电路板上的接口安装相同颜色的马达，完成连线；

　（3）对齐卡口位置，安装防护套；

　（4）摄像头放入保护罩中；

　（5）把摄像头插头插到控制板对应插座上；

　（6）把电池安装到电池固定架上；

　（7）按照 AB 的编号，把螺旋桨对应安装到电机轴上；

　（8）组装完成后，理顺好连接线。

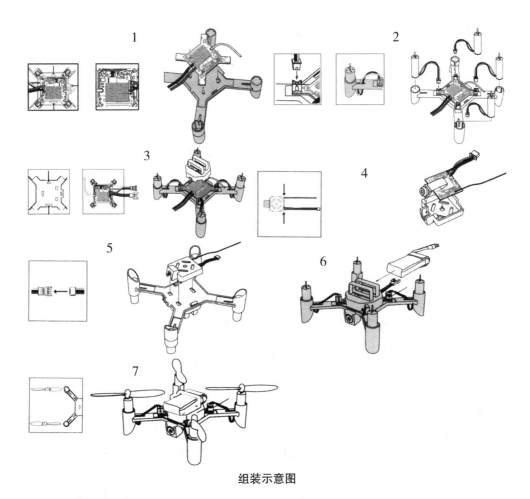

组装示意图

3．遥控器介绍

遥控器使用说明参考下图，向学生介绍各个按键功能及操控要求。

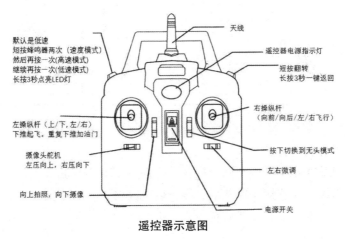

遥控器示意图

注意：遥控器用 4 节 5# 碱性电池，请按照电池盒的说明要求购买，新旧电池不能混合使用。

4. 给四旋翼飞机电池充电

将原厂配备的充电器插头插入电源插座，这时充电器指示灯为绿色，然后连接四旋翼飞机的电池，指示灯将转为红色，锂电池开始充电；当指示灯由红转绿时，表示锂电池充满，充电结束。整个充电时间约为 30 分钟。

5. 调试与试飞

（1）准备试飞

①打开遥控器电源开关；

②对频：首先垂直向上推动左操纵手杆，然后拉到底部，四旋翼指示灯光常亮，对频完成。

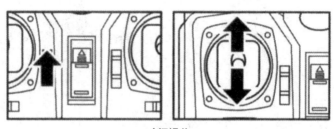

对频操作

（2）起飞方法一

①把飞机放在水平平面，两个摇杆同时向内下侧推到底 2～3 秒，飞机的指示灯变为快速闪亮，连续操作 2～3 秒，校准成功；

②两个摇杆同时向外下侧推到底 2～3 秒，如图所示解锁四旋翼飞机；

③慢慢推动油门操纵杆，飞机起飞。

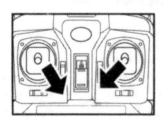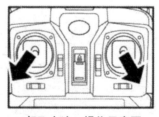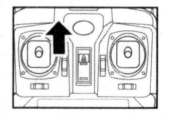

起飞方法一操作示意图

（3）起飞方法二

①把飞机放在水平平面，两个摇杆同时向内下侧推到底 2～3 秒，飞机的指示灯变为快速闪亮，连续操作 2～3 秒，校准成功；

②向下推动左操纵杆，四旋翼飞机一键起飞。

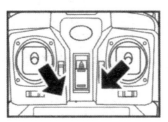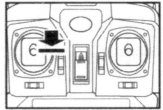

起飞方法二操作示意图

（4）着陆方法

①慢慢地推下油门，直到飞机着陆，保持油门杆在最低位置2秒，马达停止，飞机也停止，成功着陆；

②如果是用起飞方法二，可以再次按下油门杆，一键着陆；

③当飞机遇到障碍或紧急情况时候，快速把油门拉杆拉到底部，飞机可以紧急着陆。

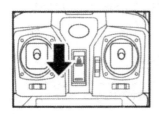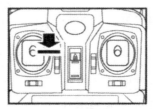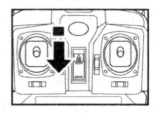

着陆方法操作示意图

（5）微调控制

①上升／下降

当左侧操作杆推动时向上或下拉，四轴飞行器上升或下降；

②转动

当向左或向右操作推杆，四旋翼向左或向右转；

③前后

当右侧操纵杆向前或向后推动时，四旋翼前进或后退；

④侧飞

当右侧操纵杆向左或向右推动时，四旋翼飞机向左或向右；

⑤侧飞微调

当四旋翼飞机悬停时，发现四旋翼向左或者向右偏移，微调右侧操纵杆，直到四旋翼飞机保

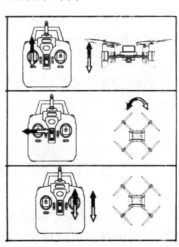

上升、转动、前后

持平衡为止；

⑥前后微调

当四旋翼飞机悬停时，发现四旋翼向前或向后移动，微调右侧操纵杆，直到四旋翼飞机保持平衡为止。

6. 飞行技巧

（1）无头模式

在无开放模式下，飞机向东西两个方向起飞，如果飞机的尾部向南起飞，加速后，飞机飞向远离的方向，那么向后或者向左拉右侧操纵杆，飞机会飞回来（四旋翼飞机控制板背面有开关）；

（2）一键返回

按下一键返回按钮，四旋翼飞机将自动飞回初始起飞时的位置；

（3）加速操作

缓慢推加速操纵杆，直到四旋翼飞机离开地面在空中悬停。然后将加速操纵杆再拉回来，直到四旋翼飞机缓慢下降。反复练习，直到能够平稳地控制加速操纵杆；

（4）平移操作

当四旋翼飞机在空中盘旋时，慢慢地推动右侧操纵杆，使四旋翼飞机向前后左右不同方向平移飞行；

（5）转动操作

当四旋翼飞机在空中盘旋时，缓慢推动转动方向舵，使四旋翼飞机左右转动。

7. 摄像头操作

（1）当底部的摄像头套件的蓝色指示灯、红色LED闪烁，表示摄像头供电，但没有插入SD卡；

（2）按下遥控器照片按钮，摄像头底部的红灯闪烁，表示拍照，并自动存储在SD卡中；

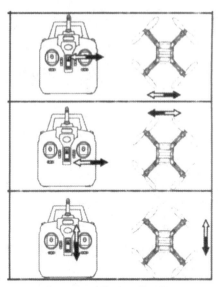

侧飞、侧飞微调、前后微调

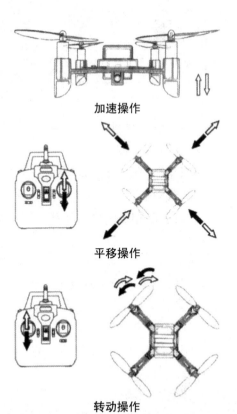

加速操作

平移操作

转动操作

（3）按下遥控器摄像按钮，摄像头底部红灯常亮，表示摄像开始。再次按下遥控器摄像按钮，停止摄像，视频自动存储在 SD 卡中；

（4）关闭四旋翼飞机，取出 SD 卡，通过计算机或者手机读取卡内照片或者视频。

本四旋翼套件，可以通过手机 App 控制。请到应用市场下载 WIFI UFO 软件，具体使用方法参阅软件介绍，手机固定参阅下图。

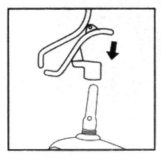　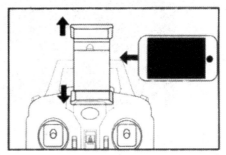

手机支架固定　　　　　　　　　　　手机固定

课后反思与作业：

1．四旋翼稳定飞行的原理是什么？
2．手机操控四旋翼的原理是什么？
3．请将操控视频传至平台。

第五节　自航帆船

实验目的：

1．了解帆船自航原理，掌握帆船结构；
2．自制自航帆船模型，提高动手实践能力；
3．掌握指导科学模型制作的方法。

实验原理：

在古代，船的主要动力来源就是风；顺风的时候，我们都知道帆船能够快速前进，那么当风向是侧风或者逆风时，帆船如何前进呢？

侧风

船员们转动帆的角度，将侧面来的风分解成为船头前进方向和前侧方向的力，由于分解后前侧方向的力与水中的阻力几乎抵消，就剩下船头前进方向的力推动船体向前运动。

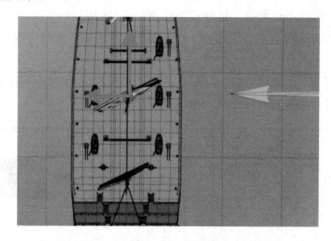

侧风情况受力示意图

逆风

这时前进就更难了，不过由上面侧风情况可知，同时调整船体和船帆的角度，可将逆风的风力分解为两个力，一个力把船体往侧面推，另一个力往船头方向推，侧面的力由于船体吃水的阻力被抵消，另一个力推动船体向船头方向前进。

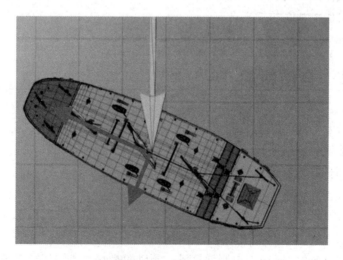

逆风情况受力示意图

每隔一段时间，船员们更换一次船体和船帆的方向，这样船就可以沿之字形路线前进，这种行船法叫作"抢风行船"。

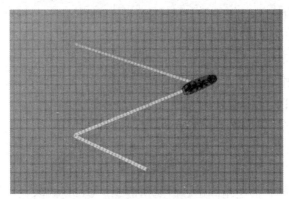

抢风行船示意图

上述模型是进行了简化的，而且不是完全按照理论力学关于力的分解方法进行分析的；实际上风帆也不是平面，而是一个曲面，其中还有一部分空气动力学的原理，此处只是许多解释中的一种简单解释，不予详细分析。

实验准备：

1. 实验器材

帆船套件、胶水、砂纸、胶棒、双面胶。

2. 实验仪器及工具

美工刀、切割板、胶棒枪、砂带机等。

教学策略：

课前发布通知，学生预习帆船行进的原理动画，了解帆船逆行进的原理。课堂指导学生制作，完毕后下水试航。

课堂教学：

1. 帆船的制作

（1）参照零件图，摆好配件；

（2）粘接船舷支撑（分体肋骨）；

（3）粘接船板尾及支撑；

（4）粘接船艏柱；

（5）粘接船舷；

（6）合拢船体；

（7）安装系索环，粘接尾座板；

（8）粘接艏座板；

（9）粘接中板，系上索环；

（10）安装护舷木；

（11）完成船体；

（12）系桅顶支索；

（13）立桅杆，固定索具；

（14）系帆绳，安装帆顶；

（15）安装船舵。

2．调试

（1）安装前帆，前帆角固定，后帆角留 5 ~ 6 cm 撩绳；

（2）安装主帆，撩绳留 6 ~ 7 cm；

（3）完成的帆船，舱底加 30 g 左右配铅压载，船体用铝箔粘贴防水；

（4）检查完毕后即下水。可用小风扇吹风模拟帆船乘风航行。

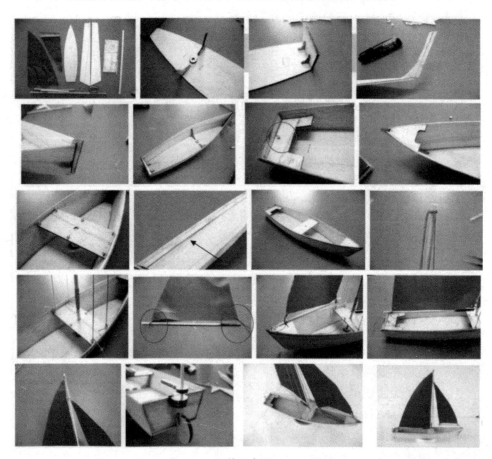

组装示意图 a

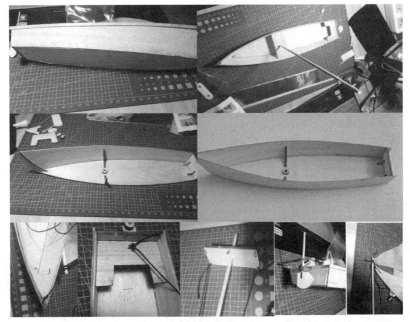

组装示意图 b

组装完成照片

课后反思及作业：

　　1. 帆船能"逆风"航行，需要如何调整帆板及船舵？

　　2. 帆船不能够完全"逆风行驶"，但是由于采用了"之字形"的抢风行驶，它又能够在逆风条件下，向着它的目标行驶，这是否能够给我们的人生一些启迪呢？

　　3. 启迪：当你明确方向时，即使走了一些"弯路"，也早晚能到达目的地。生活本来就无所谓都是"顺风"，只有勇敢拼搏，即使道路曲折，也要不断前行。

　　4. 请将制作过程及航行视频上传至平台。

第六节　蒸汽动力噗噗船

实验目的：

1．了解蒸汽动力船的结构及航行原理；

2．掌握船模的制作工艺及流程；

3．学会调试船模。

实验原理：

点燃蜡烛，火焰加热铜管螺旋的地方，水沸腾，产生水蒸气。体积膨胀超过千倍，于是水蒸气就推动铜管内的水向后喷出。当水蒸气排开铜管里的水，管内压力变小，水就被重新吸进铜管里。水进入铜管之后，再次变成蒸汽，如此反复，产生向前的推动力，推动小船前进。此模型加热过程中有时会有"噗噗"声，因此称为"噗噗"船。

实验准备：

1．实验器材

蒸汽动力船套件、胶水、砂纸、胶棒、双面胶、酒精块。

2．实验仪器及工具

美工刀、切割板、胶棒枪、砂带机、注射器等。

教学策略：

课前发布通知，学生预习船的发展史，了解船的动力，平台上传我国海军建设及航母介绍视频，增强学生的爱国爱军热情。课堂指导学生制作，完毕后下水试航。

课堂教学：

1．蒸汽动力船的制作

（1）船体艏楼粘贴铝箔隔热层；

（2）艏楼粘接到甲板上，艏楼前风挡下沿要修掉1.5mm，便于倾斜粘接到甲板上；

（3）粘好的艏楼船舷要倒角碰肩粘接；

（4）粘接舵轴垫圈及桅杆座；

（5）粘接船底浮体；

（6）倒角修磨圆滑；

（7）制作船舵桅杆；

（8）锅炉在引脚处划线；

（9）用圆棒弯曲锅炉的引脚，否则铜管会瘪进去；

（10）安装到船体，调整好高度，将引脚穿过后弯曲至船体后方；

（11）用热熔胶等粘接固定引脚，同时也固定了锅炉；

（12）安装船舵，上面的舵柄需要粘接到舵轴上；

（13）舵轴插入船体不要粘接，握住舵柄可以调节船舵；

（14）安装桅杆到船体粘接牢固；

（15）完成模型。

2．蒸汽动力船的调试

（1）先把铜管里灌满水；（注意！）

（2）调整"锅炉"角度，把酒精块放到燃烧盒内；

（3）把船放入水中后，点燃酒精块；

（4）待"锅炉"内水烧开，船下管口喷出气体，监测船的行驶。

注意事项：

锅炉高温，使用明火，玩船的时候一定注意安全，不要烫伤。学校开展此项活动时，务必全程监督掌控，不要让学生独立操作使用。

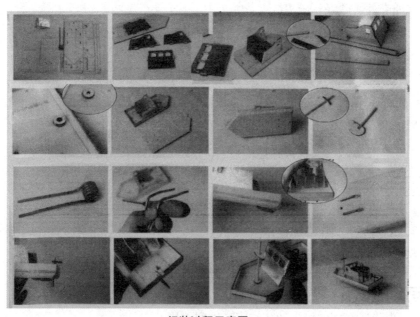

组装过程示意图

第七节　红船模型

实验目的：

1. 了解红船的历史，对学生进行党史教育；

2. 了解红船模型中用到的传统榫卯结构；

3. 通过制作红船模型，提高学生动手实践能力，在科技制作中增强对党的热爱。

实验介绍：

1921 年 7 月，中共"一大"在上海秘密举行。7 月 30 日晚，因突遭法国巡捕搜查，会议被迫休会。此后，"一大"代表从上海乘火车转移到嘉兴，在南湖的一艘丝网船上完成了大会议程，宣告了中国共产党的诞生。红船体现了开天辟地、敢为人先的首创精神，坚守理想、百折不挠的奋斗精神，立党为公、忠诚为民的奉献精神。

实验准备：

1. 实验器材

红船套件、砂纸、胶棒。

2. 实验仪器及工具

美工刀、切割板、胶棒枪、砂带机等。

教学策略：

课前发布通知，让学生了解红船的历史，了解我国的传统工艺——榫卯结构，增强学生的爱国爱党热情。课堂指导学生制作，完毕后展示成果。

课堂教学：

1. 由学生介绍红船历史，本次模型用到的榫卯结构。

2. 指导学生制作红船模型。

见附图，制作过程略。

课后反思及作业：

1. 现代还有哪些标志性建筑用到榫卯结构？

2. 红船蕴含着什么精神？

3. 请将本次制作的心得体会上传至平台。

红船模型图

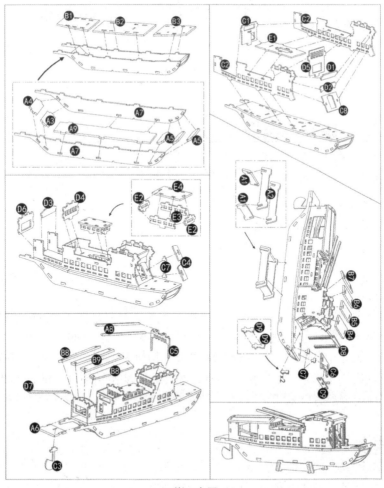

组装示意图 a

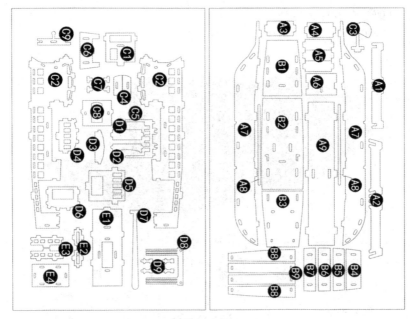

组装示意图 b

第八节　抛石机模型

实验目的：

1. 了解抛石机的结构及工作原理；
2. 掌握抛石机的制作工艺及流程；
3. 掌握指导学生制作模型的方法。

实验原理：

战国时期，抛石机出现在战场上。抛石车采用杠杆原理，一端为重物料斗，另一端为抛斗。准备发射前，利用人力牵拉横杆上的炮梢，将重物料斗吊起，抛斗放置大石块等；发射时，松开固定绳索，重物料斗下落，杠杆臂带动抛斗迅速运动；当重物料斗落地，抛斗停止运动，抛斗内石块由于惯性，继续保持高速运动状态，抛射到敌方阵地。

实验准备：

1. 实验器材

抛石车套件、胶水、砂纸、胶棒、双面胶等。

2. 实验仪器及工具

美工刀、切割板、胶棒枪、砂带机等。

教学策略：

　　课前发布通知，让学生预习抛射兵器的历史，了解火炮出现之前战争中用到的兵器，知晓强国必须强军的道理，对学生进行爱国主义教育。课堂指导学生制作，完毕后学生发射试验。

课堂教学：

　　1. 制作过程

　　（1）组装抛石机底盘，粘接牢固；

　　（2）安装抛臂支架，木销切成 5 mm 插入定位孔后粘接；

　　（3）安装横撑，木销切成 5 mm 插入定位孔，粘接；

　　（4）安装抛臂，木销切成 9 mm 插入定位孔后粘接抛臂成一体，粘接抛斗组件；

　　（5）取 100 mm 圆轴如图中所示顺序插入定位圈，调整位置，粘接背头处定位图到轴上；

　　（6）安装限位档杆，粘牢；

　　（7）粘接制作重物料斗；

　　（8）安装到抛臂近端，粘接定位圈；

　　（9）制作车轮（车轮 2 个合粘成一个）；

　　（10）安装车轮到底盘，最外侧用；

　　（11）完成抛石机。

　　2. 调试

　　（1）在重物斗内加入 50 g 重物，在抛斗内放置抛射物，把抛斗压到底，瞬间松开，观测发射距离；

　　（2）在重物斗内加入 100 g 重物，在抛斗内放置抛射物，把抛斗压到底，瞬间松开，再次观测发射距离；

　　（3）在重物斗内加入 150 g 重物，在抛斗内放置抛射物，把抛斗压到底，瞬间松开，再次观测发射距离；

　　（4）根据前几次测试结果，选取最适合的重物，两组画出阵地，进行对射，每组给 10 次机会，评选最佳射手。

课后反思及作业：

　　1. 人类历史上，出现过很多战争，战争不断，但最近几十年整个世界相对比较和平，你能分析一下原因吗？

    2．我们今天生活在和平的国家，是如何争取到的？

    3．请把本次制作的心得体会上传至平台。

组装过程示意图

第六章

创新设计系列实验

第一节　风能动力机械兽

（实验目的、意义：）

1．了解风能的作用，培养孩子的低碳和环保意识；

2．了解机械传动的原理，学习风能转化动能的过程；

3．锻炼学生在工程和技术方面的能力，创新思维能力，增强对科技制作的兴趣。

（实验原理：）

风吹动扇叶，扇叶旋转，带动主轴转动。主轴转动后，驱动曲轴及齿轮传动机构，带动风力机械兽的腿部和脚交替起落前进，风力机械兽就在风的作用下"走起来"。

（实验准备：）

1．实验器材

水口钳、风能动力机械兽套件【曲轴2个、齿轮（大号）1个、齿轮（小号）1个、橡胶脚垫12个、扇叶5个、齿轮轴1个、管子1根、橡皮圈1个、风轮机基座1个、钉轴1个、轴1个、转轴1个、塑料零件ABCDEF各12个、G：8个、H1：7个、H2：1个、I：12个】。

2．实验工具

砂纸、美工刀、小风扇。

曲轴　　大号齿轮　　小号齿轮　　橡胶脚垫

齿轮轴　　管子　　橡皮圈

扇叶

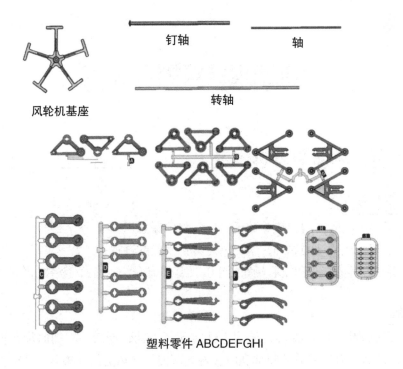

钉轴　　　　　　　轴

转轴

风轮机基座

塑料零件 ABCDEFGHI

(教学策略：)

提前做好一套完工的风力机械兽，上课先用小风扇吹，演示行走过程，进而介绍工作原理，导入本节课的教学。然后介绍套件各部分结构及传动方式，指导学生组装制作，最后加以总结。

1. 制作步骤

（1）打开包装盒，取出配件袋，核对配件数量。注意每个塑料元件上面的字母，请按照顺序排列，元件多余部分用美工刀修整，砂纸打磨毛边。

（2）组装风能动力机械兽的腿部

①把橡胶脚垫对齐下三脚架 A 其中一个末端上的开口，然后使用短轴将橡胶脚垫推入孔中。调整橡胶脚垫的位置，使其与开口的中间对齐，对所有 12 个下三脚架 A 执行相同的操作，连接橡胶脚垫（图 a）。

②将大号连接杆 C 连接到上三脚架 B 最大的接头上，然后将 C 向下旋转 90 度（图 b、c）。

将 C 上的凹口对齐 B 上的凸起部位，将 C 连接到 B 上塞进元件 A。

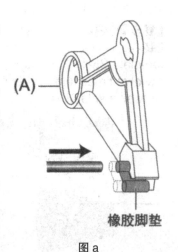

(A)

橡胶脚垫

图 a

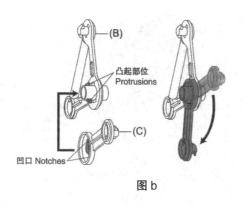

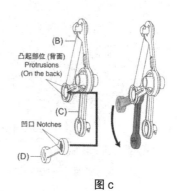

图 b　　　　　　　　　　　　　　　　　　图 c

③将小号连接杆 D 连接到上三脚架 B 上。将 D 上的接头和 B 上的接头按图示方式排列，使得凸起部位与凹口对齐，将 D 连接到 B 上，然后将 D 向下旋转90 度（图 d）。

④将一个下三脚架 A 连接到两根连接杆上面。先将 A 上凸起部位的接头连接到 D 上的接头上，然后把 A 向上旋转，A 上面另一个接头连接到 C 上面带凸起部位的接头上。这样就完成了一条腿的安装（图 e）。

⑤重复上面步骤，完成余下 11 条腿的安装。

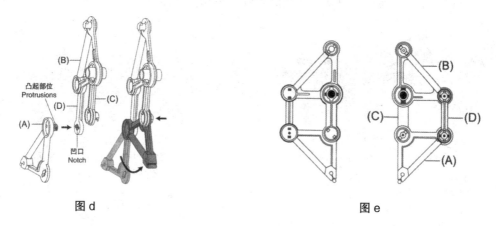

图 d　　　　　　　　　　　　　　　　　　图 e

（3）把曲轴连接到风力兽的腿上

①把曲轴连接到框架 G 上面：把曲轴插入框架中间的狭槽框架，上有三个凸起部位，曲轴两端的街头上面均有一个凸起。保证曲轴上面的凸起与框架上面的凸起方向一致。做出来 2 套（图 f）。

②用一根小单动杆 E 把右腿和曲轴连接到一起。把腿上最大的接头，连接到框架右侧的接头上，使腿上装有橡胶垫的一端位于底部。将 E 连接到腿部的上方接头，凸起部位与凹口对齐，然后按照图示箭头方向，把 E 上面开口部分向下推，听到"咔"一声，E 卡入曲柄轴上（图 g）。

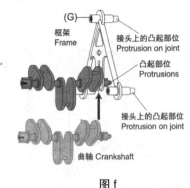

图 f

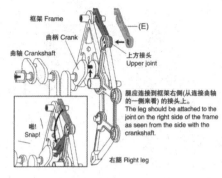

图 g

③用一根大单动杆，把左腿和曲柄连接到一起。腿上最大的接头连接到框架左侧的接头上，和右侧相对，然后把 F 连接到腿的下方接头上，再把它向上推，听到"咔"一声，卡入曲柄中。注意保证新连接的单动杆在之前装好的单动杆后面（图 h）。

④用一根大号单动杆 F 把右腿和曲柄连接到一起。把 F 连接到右腿下方接头上，然后把它推向之前已连接的两个曲柄，听到"咔"一声，卡入曲柄中。再次注意，保证新连接的单动杆在之前装好的单动杆后面（图 i）。

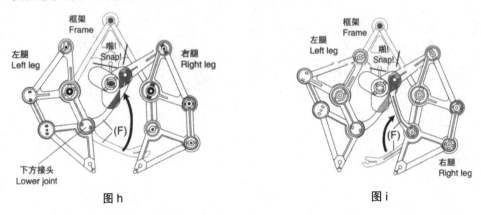

图 h   图 i

⑤用一根小号单动杆 E 把左腿和曲柄连接到一起。把 E 连接到左腿上方的接头上，然后把它推向之前连接好的曲柄上，听到"咔"一声后，卡入曲柄中。依然要保证新连接的单动杆在之前装好的单动杆后面。两条腿连接完成后，从前方看，检查连接在曲柄上的杆是否按照以下顺序排列：左上，右下，左下，右上。若不是，风力兽的腿可能无法自由移动（图 j）。

⑥连接第二个框架 G。将第二个框架 G 紧靠在第一个框架上，把两个框架夹住前面步骤组装好的腿上。先把两个框架上面的三个接头分别对齐，然后把框架中间的细槽卡入曲轴的中心轴上（图 k）。

⑦把腿连接起来，重复做3套。重复上面步骤，把3套腿（6根）安装到4个框架上（框架连接在曲轴上）。至此，风能动力机械兽主体完成一半。剩余零件再组装一个类似的结构（图l）。

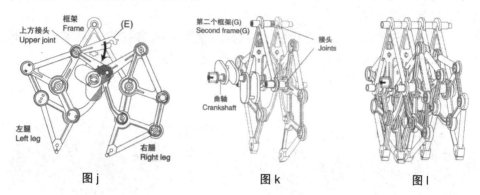

图 j　　　　　　　　　　图 k　　　　　　　　　　图 l

（4）把两半主体连接起来

①把两套主体结构连接起来。认真调整，使得框架和曲轴的接头面向同一方向。连接的时候，把橡皮筋绕成两个圈，把圈套在主体部分框架上方的接头上面。如果连接时发现所有腿的体位相同，把曲轴上面其中一边的接头旋转180度（图 m）。

②把长轴插入框架中。按照图示，把长轴插入框架上面的洞中。调整长轴的位置，使其两端均有小段突出。调整完成后，拉伸橡皮筋的圈套，把它套在框架两端（图 n）。

③连接塞子 H。

把塞子 H 连接到主体两端框架的凸起部位上（一边3个，共6个）。

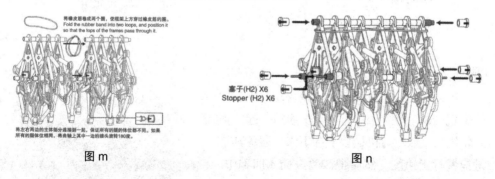

图 m　　　　　　　　　　　　　　图 n

（5）组装风轮机基座

①连接扇叶。先把扇叶对准 T 口的两个支柱上，按照图示，再把2个配件 I 装到两个支柱上。剩下的4片扇叶都按照同样的方式，连接到基座上（图 o、p）。

②把齿轮轴插入主体。把齿轮插入主体的两个框架中。齿轮轴插入第二个框

架后，把齿轮轴旋转 90 度，使其卡到合适的位置上。边旋转边推动齿轮轴，使其仅仅连接到框架上（图 q）。

③连接齿轮。把小号齿轮连接到曲轴上后，再把大号齿轮连接到齿轮轴上，并把它推到合适位置（图 r）。

④连接风轮机。用短轴把风轮机连接到齿轮所在一测的框架顶部塞子上。确保风轮机和轴之间有 1 ～ 2 mm 的空隙，以免影响风轮机自由转动（图 s）。

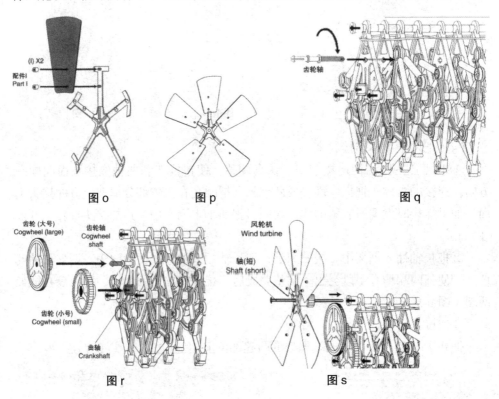

图 o　　　　　　　图 p　　　　　　　　　　图 q

图 r　　　　　　　　　　　　图 s

测试方法：

手动转轴，让风能动力机械兽动起来。用管子把转轴和法兰接头 H、I 连接到一起。把风轮机从风能动力机械兽上卸下来，避免其重量拖慢行走速度，然后把法兰头插入曲轴中。转动转轴，风能动力机械兽就开始行走。

用纸扇、折扇或者小电风扇对着风力动能机械兽吹，风会带着动力机械兽朝着左移动。

组装好的风能动力机械兽模型

课后反思及作业：

1. 本次实验都用到了哪些传动机构？

2. 本次利用的是风能，如果没有风，能否利用太阳能，让机械兽走起来？

3. 能否设计改制，让风力机械兽不受风向影响，一直前行？

4. 请把制作过程及作品以附件方式上传至平台。

第二节　水火箭

核心概念：

1. 物质的结构与性质；

2. 能的转化与守恒；

3. 技术、工程与社会；

4. 工程设计与物化。

教学目标：

1. 科学观念：知道能可以相互转化；熟悉材料的特性及工具的使用；

2. 科学思维：能基于所学化学反应的知识，选择适合的反应材料与比例，发展思维的深刻性、灵活性、批判性和独创性等品质；

3. 探究实践：能够熟练制作水火箭，结合所选的材料和工具，展示自己的设计和想法，并进行合理改进；

4. 态度责任：对工程和技术活动感兴趣，愿意和同学合作，能与同学分享观点，能完整表达自己的改进意图和方法；乐于与他人合作交流，掌握合作交流的方法。

实验目的、意义：

1. 了解水火箭的工作原理，熟悉水火箭的基本构造及制作流程；

2. 通过项目的制定、调整、完善，有计划地选择材料，设计和制作水火箭，实现水火箭的升天目标；

3. 经历协同合作、沟通交流，不断改进创新，感受科技带来的快乐；

4. 初步探索 STEM 项目式管理的方法。

实验准备：

1. 实验材料

硬卡纸、海绵纸、泡沫、中号碳酸饮料瓶 3 ~ 4 个、防水胶带、双面胶、装饰贴。

2．实验工具、器材

美工刀、剪刀、钢尺、锯子、发射架、打气筒等。

教学策略：

通过讲述古代万户飞天到现代的天宫翱翔太空，介绍我国航天事业的发展，进行思政教育，树立学生的民族自信心和自豪感，鼓励他们为中华民族伟大复兴而学好科学课。介绍水火箭的制作与发射要求，学生分组进行协作，项目管理式运作，核算成本，最后评选最佳成本控制团队、最佳发射质量团队等。

课堂教学：

1．引言

古代人们就梦想着有一天能够像鸟儿一样，在天空中自由地翱翔，并为此做出了很多的尝试，最著名的是明代的万户，为了实现自己的飞天梦想，他把 47 支"火箭"绑在椅子上，然后手里拿着风筝，坐在上面，最后点燃"火箭"飞向天空，虽然结果是摔了个粉身碎骨，但他开启了世界上使用火箭飞天的新篇章。

2003 年，中国第一艘载人宇宙飞船"神舟五号"，于酒泉卫星发射中心发射升空，搭载航天员杨利伟，在经过了 21 小时的太空飞行后，于内蒙古安全着陆，实现了中华民族两千多年的飞天梦，扬我中华国威，展我中华雄风。

航天飞行器的发射，需要火箭运载。火箭是一种自身携带全部推进剂，靠发动机喷射推

万户飞天雕像

进剂产生的反作用力向前推进飞行，实现航天飞行的运载工具。由于它不依赖外界空气产生推力，所以可以飞行在大气层内外。中国古代的火箭是现在火箭的鼻祖，早在宋理宗绍定五年（约 1232）金军保卫汴京时，便作为投射武器，用来对抗金军，后来阿拉伯人把火箭技术传至欧洲。18 世纪时，印度在对抗英法军队的多次战争中，曾大量使用火箭武器，获得良好的战果。后来，火箭又发展出精密的导引与控制系统，具备射程远、速度快、命中率高等特性，从而在军事及国防应用中发挥重大作用。

2．我国火箭事业概况

新中国成立以来，无数航天航空工作者为我国火箭事业的发展做出了贡献，并不断推进火箭的发展。

2021 年 10 月 1 日，我国载人航天工程第三批预备航天员选拔工作正式结束。随着各项工作紧锣密鼓地展开，中国载人航天阔步迈入"空间站时代"。我国宇航员们的天宫科学实验成为青少年喜爱的科学节目。

2022 年 4 月 16 日 9 时 56 分，神舟十三号载人飞船返回舱在东风着陆场成功着陆；2022 年 6 月 5 日，神舟十四号载人飞船搭载三名宇航员顺利进驻天和核心舱，6 个月在轨驻留；2022 年 11 月 29 日，神舟十五号载人

神舟十一号飞行员

飞船搭载三名宇航员进入太空，发射取得圆满成功，这是我国载人航天工程立项实施以来的第 27 次飞行任务，也是进入空间站阶段后的第 4 次载人飞行任务。此次发射成功，标志着空间站关键技术验证和建造阶段规划的 12 次发射任务全部圆满完成。

如今中国的航天事业如日中天，位于世界前列。玉兔及嫦娥探月、北斗组网、天宫科研等，均需要火箭的运载。新中国成立以来，无数航天航空工作者为我国火箭事业的发展做出了贡献，并在不断推进火箭的发展。不但要了解相关知识，更要自己动手实践，探索科学的真理。

天宫会师

我们以水火箭项目为例，一起探究一下火箭发射的奥秘。

实验原理：

把一个可乐瓶装入一定量的水，然后塞紧瓶口，其内部就形成一个密闭的空间。如果增大容器内空气的气压（如通过打气筒把气体打入此容器内），若瓶口朝下，水在下方，压缩空气在上部。压力增大到一定程度，若塞子与瓶口分离，瓶内压缩空气会推动下部的水向外极速喷出，瓶子获得水的反作用力，就会向前（向上）飞射出去。

1. 水火箭的结构及方案构思

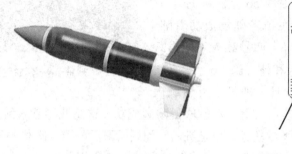 

水火箭示意图　　　　　　　　　　　　　水火箭原理示意图

水火箭又称水推进火箭、气压式喷水火箭。它利用废弃的饮料瓶制作，如图所示，分动力舱、箭体、箭头、尾翼等部分。

头部——头锥形，由塑料瓶的头部剪下制成，是利用空气动力学原理，尖型的圆锥头有助于减少空气的阻力。

箭体（压力舱）——火箭的中心部位，采用饮料瓶制成。从开口处注入水以及空气，使其内部压力升高，以此来作为火箭的动力装置。

平衡翼——火箭体的后部、两侧和上部各一个，均为梯形。采用硬塑料板制成，保证飞行过程中的平衡。这一想法来源于战斗机的机翼，使火箭在空中飞行的时候保持平稳，不会偏离轨道。

喷射口——火箭的尾部位置，采用软橡胶塞和气门塞。保证紧密性，使火箭的后冲力更大。

2. 制作过程

（1）箭体及动力舱

取一个可乐瓶，从瓶底算起，在瓶子高度大约 1/3 处画出剪切线（见白线），在离线约 0.5 cm 的地方用剪刀剪掉。再沿白线整齐修剪瓶底，然后去掉瓶口部分，等分修剪出 8 个豁口，豁口深度 1 ~ 1.5 cm。沿着剪切部位向内折。

再拿一个新的可乐瓶，两个瓶底部对接。连接部位用胶带包裹好后，可以通过在实验桌上滚动的方式，检查两个瓶子安装是否平直。如果滚动过程中，瓶子两端无起伏，则表明瓶子安装平直。

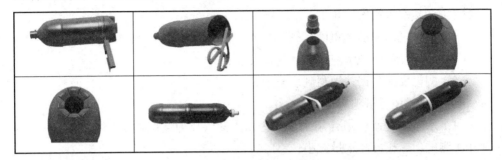

箭体及动力舱制作示意图

（2）箭头

通常为圆锥形，材质以橡胶为佳，可选用现成的头锥，也可以采用硬卡纸包裹海绵纸或泡沫的方式制成。用胶带把做好的火箭头安装上去。

①喷嘴

用发射架带的喷嘴最佳。也可以用自行车车胎气嘴和橡皮塞制作。

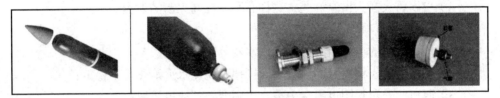

几种喷嘴示意图

②尾翼

剪出一个瓶子的中部，并将其压扁。在两边 5cm 处各做一标记，连线后切开，加上双面胶后，将两片粘在一起，压紧，边缘固定或装订，加上胶布。将两片贴在一起、压牢，边缘用双面胶粘上或订上，加上胶布。底部拆开、修平、加胶带。一共做 4 个。

再拿一个瓶子剪掉底部。套到动力仓底部，找出喷嘴做标记，并将瓶口剪掉，画出四等分线（互成 90 度角），沿线贴上尾翼。

加固（可用订书器）、胶带修饰。将尾翼加到火箭下方。

3．发射过程

以下以七波水火箭发射架为例做一介绍。

（1）向水火箭里面注入水，注水的量为水火箭一级箭体的三分之一。注水完成后，正常放置；

（2）将喷嘴塞到水火箭的瓶内，检查水火箭瓶口的塑料圈是否去掉；

（3）用手向下按发射架外套（不要松手），把可乐瓶塞入卡扣中；

（4）松开发射架外套，外套复位，卡扣锁紧可乐瓶；

（5）调整水火箭发射角度；

（6）用打气筒向箭体里面打气，约4～5次即可；

（7）确保发射区域清空，扣动扳机发射；

（8）测得发射数据，填写到表格中。

4. 发射的注意事项

（1）水量的控制：最佳用水量约为水火箭气压舱空间的1/4到2/5之间，多做几次测试，寻找最佳水量大小；

（2）发射角度：如果要测试发射距离，则水平方向飞行，发射的最佳角度在50到55度之间。如果要测试发射高度，则垂直方向飞行，发射角度为90度；

（3）发射稳定调控：为保证飞行效果，可制作一个发射架，或者采用成品发射架。用气筒打气时，尽可能用力平稳，打气速度不要太慢。必须锁紧瓶嘴，避免中途瓶口意外脱落误射，可外接气压表监控打入的气压。一般控制在2个大气压之内为宜；

（4）可以将火箭头做重一些，这样有利于提高火箭的射程。

5. 安全注意事项

（1）箭身使用的可乐瓶必须要用汽水瓶等耐压瓶子；

（2）制作前请先将瓶身的外包装纸撕掉，避免水火箭飞行不稳定；

（3）瓶口的外塑料圈也一定去掉，否则会锁不住可乐瓶；

（4）由于可乐瓶切割不易，且切口锐利，制作时务必小心；

（5）使用胶带缠绕箭身时应确定缠紧缠牢；

（6）发射前清场，规划工作区域作为发射场，严禁在人多或朝有人的地方发射；

（7）打气后，避免再用手去接触水火箭，如有异常，先泄气压，再做调整；

（8）发射架正后方2到3米处避免围观（发射人员除外）。

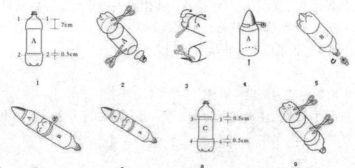

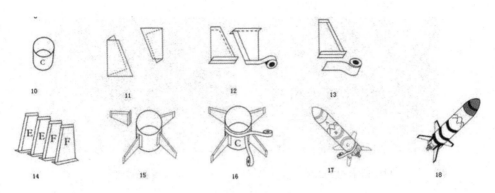

组装过程示意图 a

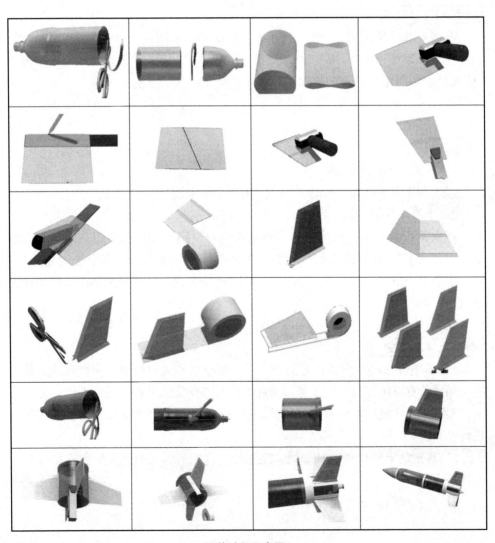

组装过程示意图 b

制作完毕的水火箭　　　　　　　　　水火箭发射架

项目管理建议：

准备一些成品尾翼、胶带、硬卡纸、海绵纸、贴纸等，每组发放 10 虚拟币，按照尾翼 2 虚拟币／片，胶带 2 虚拟币／卷，贴纸、硬卡纸、海绵纸等 1 虚拟币／张发放。按照项目管理的思路，每组人员分工，最后进行成本核算，各组对比排序。

拓展知识：

1. 水火箭的世界纪录

最大高度为 830 米，由开普敦大学的几个学生创造。

2. 多推水火箭

水火箭种类众多，如果有多个推进器喷口，则为多推水火箭。常有单级多推（一级火箭，多个推进器喷口）和多级多推（多级火箭、多个推进器喷口）等，少有多级单推。多级多推水火箭采用"主动分离"技术且为推进器箭体接替发射。

课后反思及作业：

1. 本项目在科学知识、方案设计、工程技术等方面遇到了哪些问题？是否能正确评价自己的能力与所具备的条件？团队协作交流是否流畅？

根据本节实践获得的数据和经验，是否多方面考虑各种影响因素？能否优化设计？

2. 真正的火箭应该在什么地方发射，应该朝着哪个方向发射更容易将人造卫星送入太空？

3. 是否可以设计出能够降落回收装置，如降落伞？

表 6-1　影响飞行距离 / 高度的参数

影响飞行距离 / 高度的参数	1	2	3	4
水量				
打气次数				
倾斜角度				
风速等				
尾翼				

表 6-2　设计制作评价表

设计、制作评价表		档案资料：图纸、水火箭、评价表	
观察	技术参数	测试情况	改进情况
设计效果	符合技术原理程度（A　B　C　D）		
	整洁、美观程度（A　B　C　D）		
	材料选择适合程度（A　B　C　D）		
经费支出	透支（　）平衡（　）结余（　）		
飞行效果	飞行高度 5 米以下（　　）		
	飞行高度 5 ~ 10 米（　　）		
	飞行高度 10 米以上（　　）		
	飞行距离 10 米以下（　　）		
	飞行距离 10 ~ 20 米（　　）		
	飞行距离 20 米以上（　　）		
小组成员	参与度（A　B　C　D）		
	默契度（A　B　C　D）		
	担负责任（A　B　C　D）		
小组成员名单			

附：我国火箭发展小知识

1．长征一号是我国第一枚三级运载火箭，以两级液体火箭为基础，加固体第三级。1970年4月24日，在酒泉发射中心首次使用"长征一号"运载火箭，搭载我国第一颗人造地球卫星"东方红一号"，把科学实验卫星送入预定轨道；

2．长征二号是两级液体运载火箭。1974年11月首次发射，由于一根导线有暗伤，导致飞行试验失败。1975年11月发射返回式遥感卫星准确入轨，接着又发射两次，均获成功；

3．长征二号E即长征二号捆绑火箭，是中国运载火箭技术研究院研制的第一枚推力捆绑式（也叫集束式）运载火箭。1990年7月16日首次发射，一举成功，把一颗巴基斯坦的科学试验卫星和一个模拟有效载荷准确送入轨道；

4．长征三号是以"长征二号丙"为原型加氢氧第三级组成的三级运载火箭。1984年1月29日首次发射，由于第三级发动机二次启动不正常，卫星进入近地轨道运行。经过70个昼夜的奋斗，4月8日再发射，获得圆满成功；

5．长征四号是一种多用途三级常温推进剂运载火箭，具有性能优良、结构可靠、成本低廉、发射场通用、使用方便等特点，由上海航天局研制。1988年9月7日和1990年9月3日，"长征四号"运载火箭两次发射太阳同步轨道"风云一号"气象卫星均获圆满成功。"长征四号"具有两种不同直径的卫星整流罩，可适应不同质量和尺寸的有效载荷，可一箭多星发射，这为承担多种卫星的发射业务，特别是为发射同步轨道和极地轨道卫星创造了有利的条件。①

第三节　石膏模型

核心概念：

1．物质的结构与性质；

2．物质的变化与化学反应；

3．能的转化与能量守恒；

4．技术、工程与社会；

5．工程设计与物化。

---

① 百度百科.运载火箭［EB/OL］.（2022-03-01）［2023-02-02］，https://baike.baidu.com/item/%E8%BF%90%E8%BD%BD%E7%81%AB%E7%AE%AD/786531.

教学目标：

1. 科学观念：知道物质结构、化学反应；熟悉材料的特性及工具的使用；

2. 科学思维：能基于所学化学反应的知识，选择适合的反应材料与比例，发展思维的深刻性、灵活性、批判性和独创性等品质；

3. 探究实践：能够配比，调制石膏，制作石膏模型，结合所选的材料和工具，展示自己的设计和想法，并进行合理改进；

4. 态度责任：对工程和技术活动感兴趣，愿意和同学合作，能与同学分享观点，能完整表达自己的改进意图和方法；乐于与他人合作交流，掌握合作交流的方法。

实验目的、意义：

1. 熟悉熟石膏吸水反应科学原理（S）；

2. 掌握石膏模具制作流程（T）；

3. 熟练应用修补石膏模具及调色上色的方法（E）；

4. 精确称量计算耗材用量及比例，寻找最佳水粉配比及反应时间（M）。

实验原理：

天然石膏，又称为生石膏（$CaSO_4 2H_2O$）。把生石膏加热到一定温度（如 180℃）时，会失去所含的大部分结晶水，再磨细可得半水石膏（$CaSO_4 \frac{1}{2}H_2O$），即成熟石膏或建筑石膏。若把煅烧温度提高为 190℃可得到模型石膏，其细度和白度均比半水石膏要高。熟石膏粉如果和水调和成糊状物，就会快速凝固，再次变成生石膏。利用石膏的这种性质，我们可以用熟石膏粉调和成糊状物，制作成各种形状，凝固干燥后生成模型。通常用结晶理论来解释这个过程：

$$CaSO_4 \frac{1}{2}H_2O \xrightarrow{\text{加水水化硬化}} CaSO_4 2H_2O（结晶结构的硬化体）$$

半水石膏加水之后溶解于水中，生成过饱和溶液，很不稳定，容易沉淀析出晶体水化物，溶液中的半水石膏水化后会生成二水石膏。二水石膏在常温下的溶解度比半水石膏小得多，生成高度过饱和的二水石膏溶液，并迅速沉淀析晶。二水石膏析出后，打破了半水石膏溶液的原有平衡状态，半水石膏会继续溶解水化，从而弥补减少的硫酸钙含量。随着 $CaSO_4 2H_2O$ 不断沉淀析出，其结晶体随即增长，互相交织，从而形成网络胶体结构，使石膏糊状物硬化且具有一定强度，此过程不断循环，直到半水石膏完全水化为止。溶解、水化、生成胶体、析出结晶等环节相互交错在整个水化过程中。另外，熟石膏的水化及硬化的速度也受煅烧温度、粉磨颗粒细度及水化条件等因素影响。

实验准备：

1. 实验材料

模具熟石膏粉、水、毛笔、水彩、小刷子、亮油、泡沫板、砂纸、橡皮泥、滑石粉、腻子粉、肥皂水等。

2. 实验器材

白钢盆、搅拌棒、脸谱模型或卡通硅胶模具、刮刀、调色盘、天平、砝码、量筒、喷涂工具等。

教学策略：

课前通知学生预习平台发布的操作预习视频，作为任务点检查。

课堂教学：

首先介绍石膏反应原理、我国石膏矿的分布、石膏的用途等，展示做好的石膏作品，激发学生们的兴趣爱好，引入课程教学。

1. 无模具的流程（以京剧脸谱为例）

（1）京剧脸谱涂抹一层肥皂水或滑石粉，把京剧脸谱正面朝下，压入橡皮泥中，注意用力适当，按实各个部位；

（2）根据（脸谱的外型，轻轻把京剧脸谱脱模；

（3）参照硅胶模具石膏像制作流程，调制石膏浆，倒入橡皮泥凹槽中，不断晃动，让石膏均匀分布；

（4）静置 5 ~ 8 分钟，等石膏凝固后，剥离橡皮泥，取出石膏脸谱；

（5）根据创意，彩绘做好的京剧脸谱。

2. 有模具石膏作品的制作（以硅胶卡通玩偶等模具为例）

（1）先将模具开口处用铁夹子按顺序夹紧，将最上面一个铁夹系上带挂钩的绳子；

（2）用天平称取 200 g 熟石膏粉，再用量筒量取 70 ml 水。把水倒入白钢盆，然后均匀加入石膏粉，让石膏粉自己缓慢地完全沉入水中（这一过程千万不能搅拌）；

（3）当石膏粉完全沉入水中之后，然后再用搅拌棒把碗中的石膏粉搅拌均匀糊状（搅拌约 1 分钟）；

（4）将调好的糊状石膏浆倒入模具中，随后匀速地转动（摇动）硅胶模具，使得模具的内表层粘满石膏浆（尽量让内表层每个部位都粘有石膏浆，且石膏浆厚薄一致），直到石膏浆流不动了为止，将石膏像模具吊挂起来；

（5）大约6分钟之后，当石膏浆开始出现发热的现象时（这时石膏像已经开始凝固并已成型），再次调和100 g熟石膏粉兑40 ml水，成稀糊状后，拿下石膏像模具开始进行第2次灌浆，石膏浆均匀附着在第一层凝固了的石膏像内壁，此过程能加固石膏像（注意：留少许石膏浆做封底用）；

（6）将留下的石膏浆倒入石膏像底部口，取一块泡沫板，盖住底部，顺势将石膏模具倒过来，均匀地晃动几下，再将石膏模具连同泡沫板一同放在地上，这样石膏像就初步做好了；

（7）大约20分钟后，就可以剥模了，原则是从底部开口处开始脱模，一定要注意用力大小和用力的方向，如果用力不当，就很容易将石膏像突出及细小的部位弄破。石膏像脱模后自然干燥即可，不平之处和粗糙的地方可用毛笔沾些石膏糊修补或用刮刀进行修补。小坑洼部分可用腻子粉补平；

（8）尺寸大一点的石膏像背面或上面有一个一元硬币大小的印子，用小刀在那个部位划一个口子，割掉小块石膏，割成一投币小口，可用作存钱罐；

（9）根据创意，用水彩或用喷涂工具彩绘石膏像。

注意事项：

统筹安排，掌握调和石膏糊及硬化时间。先将制作的模具准备好，在模具内表面涂好滑石粉，然后调和石膏糊，倒入石膏糊时候动作要迅速，避免倒入过程中石膏糊提前凝固；

石膏不流动后，不能再转动或摇动石膏模具，否则极易造成石膏像破碎；

用水彩笔绘制时，丙烯颜料不要太黏稠，可以先涂第一遍，待颜料干燥后，再用丙烯颜料第二次涂画，避免起皮现象出现；

一定要等石膏浆开始出现发热的现象时，才能进行第2次灌浆，不能太早。太早，容易导致石膏像外层破裂、破碎；也不能太迟，太迟，石膏像的内外两层不易粘在一起。

课后反思及作业：

1. 影响石膏硬化时间及强度的因素都有哪些？
2. 有什么办法能够调节时间及强度？
3. 作品制作过程中遇到了哪些问题，如何解决？
4. 制作过程及作品上传到平台。

第四节　行走机器人

实验目的、意义：

1. 了解时基电路原理及结构，熟悉双稳态电路工作过程；
2. 掌握 RC 电路延时调整方法；
3. 熟悉电子电路焊接调试；
4. 掌握行走机器人控制方法。

实验准备：

1. 实验材料

行走机器人套件、电池、焊锡丝。

2. 实验工具、仪器

电烙铁、烙铁架、水口钳、镊子、万用表。

教学策略：

行走机器人是一款机器人教学套件。它具有电路简单、实用、可学习性强及趣味性强等特点，适合各类实训教学使用。本次课程采用教师讲授、现场指导操作、辅助调试等方式开展教学。

课堂教学：

1. 实验原理介绍

本电路控制部分由 NE555 时基电路与外围元器件 W_2、R_{13}、C_5 等组成的双稳态触发电路及 $VT_1 \sim VT_8$ 等元器件组成的开关电路两部分构成。电源通过 W_2、R_{13}、C_5 充电（调节 W_2 可以改变 C_5 达到触发电平的时间），当 C_5 两端的电压达到电源电压的 2/3 时，NE555 的第 3 脚输出高电平，7 脚低电平，C_5 的电压瞬间被拉为低电平。因在正稳态时 MT_2 端为高电平，C_1 充满了电，2 脚一直处于高电平，当触发器翻转进入另一个稳态后 MT_2 变为低电平，此时 C_1 通过 R_6、W_1、R_{14} 对地放电，调节 W_1 改变放电的时间，当 C_1 的电压放电降到电源电压的 1/3 时，NE555 的 2 脚把电压信号送入内部比较器，触发器触发，双稳态电路再次进入正稳态，如此一直循环。调节 W_2、W_1 可以控制正、负稳态电路的工作时间。

NE555 的 3 脚输出正电平控制信号，电容 C_2 使得此信号稳定，该控制信号经 R_5 加到 VT_1 的基极、经过 R_4 加到 VT_2 的基极。由于 VT_1 型号为 9013，是

NPN 管，VT$_2$ 型号为 9012，是 PNP 管，因此正电平时 VT$_1$ 导通，而 VT$_2$ 截止。VT$_1$ 集电极被拉为低电平，再经过 R$_7$ 加到 VT$_3$ 的基极，VT$_3$ 导通，从而 VT$_5$、VT$_7$ 导通，相当于电源正极接到 MT$_2$，负极接到 MT$_1$，电机正转机器人向前行走、发声、闪眼睛。

当 NE555 处于负稳态时，3 脚输出低电平时，VT$_1$ 截止，VT$_2$ 导通，从而 VT$_4$、VT$_6$、VT$_8$ 导通，相当于电源正极接 MT$_1$ 负极到 MT$_2$，电机反转，机器人后退。由于机器人头部发声、闪灯电路经过一只二极管单向供电，反转时二极管截止，机器人头部电路停止工作。

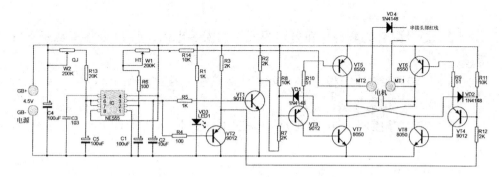

电路原理图

2. 元件辨认
详见元件清单及示意图。

符号：$\dashv\vdash$　　实物：

第一二位数字代表电容值
第三位数字代表 0 的个数
即 22000P=0.022μF

瓷片电容计算示意图

符号　　实物

$\dashv\vdash$ 　 短 长

电解电容器实物示意图

9012
9013
8550
8050

三极管脚位示意图

e b c

实物示意图

3．实验步骤

（1）按照元件清单核对元器件，不清楚数值的元器件，用万用表测量；

表 6-3　元件清单

名称	型号规格	位号	数量	名称	型号规格	位号	数量
三极管	9013	VT1	1只	电阻	100	R4、R6	2只
三极管	9012	VT2、VT3、VT4	3只	电阻	10K	R8、R11、R14	3只
三极管	8550	VT5、VT6	2只	电阻	51	R9、R10	2只
三极管	8050	VT7、VT8	2只	电阻	20K	R13	1只
集成块	NE555	IC	1只	可调电阻	200K	W1、W2	2只
二极管	1N4148	VD1、VD2、VD4	3只	电解电容	100μF	C1、C4、C5	3只
发光二极管	LED Φ3	VD3	1只	电解电容	10μF	C2	1只
电阻	1K	R1、R5	2只	瓷片电容	103	C3	1只
电阻	2K	R2、R3、R7、R12	4只	电路板			1块

（2）把电阻管脚弯好，在电路板元件面安装电阻，共 14 个，安装完毕后焊接；

（3）安装焊接两个二极管 1N4148，注意黑色一端是负极；

（4）安装焊接瓷片电容；

（5）安装焊接四支电解电容，C_2 是 $10\mu F$，其他几个是 $100\mu F$，长脚为正极；

（6）安装焊接八个三极管，VT_1 是 9013，$VT_2 \sim VT_4$ 是 9012，VT_5、VT_6 是 8550，VT_7、VT_8 是 8050，注意安装方向；

（7）安装焊接发光二极管 VD_3；

（8）安装焊接 W_1、W_2 可调电阻；

（9）安装焊接 NE555 芯片，注意芯片缺口方向和电路板图示缺口方向一致；

（10）焊接电机连线及电池连线，把机器人后部的拨动串接在电池盒与电路板之间；

（11）把 1N4148 正极焊接到 MT_2，负极焊接到机器人头部红线上；

（12）电路焊接完毕后，再次检查元器件是否正确；

（13）组装行走机器人，安装电池；

（14）打开开关后，观测机器人行走状态。

⊂课后反思及作业：⊃

1．如果需要机器人倒走时候发出声光，需要如何改变电路呢？

2．如果要控制机器人行走一定距离后停止，电路该如何设计？

3．如果要控制机器人行走一定距离后，再倒走一定距离，电路又该如何设计？

4．请把制作过程及最终作品拍照上传至平台。

附：线路板正反面及焊接元器件后的示意图

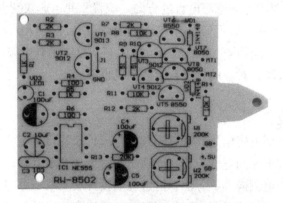

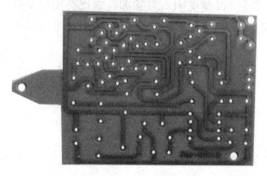

▎第五节　无线电测向

无线电测向，又叫作无线电猎狐。通常选择在校园、公园、丘陵等地带，隐藏若干个无线发射莫尔斯电码的发报台（信号源、也称"狐狸台"），参与者手持无线电测向机，通过测定不同电台信号的强弱，收听判断不同电台发出的电码标识，来判断所要找寻的隐藏电台的方向、位置，并迅速找到电台。学校校园开展较多的有阳光测向、短距离测向、定向猎狐等项目，较大公园还可开展标准距离无线电测向。目前国内开展的项目，按照频率分有 160 米波段、80 米波段、2 米波段、0.7 米波段，对应的发报台及测向机也不同。

实验目的、意义：

1. 熟悉莫尔斯电码信号，理解无线电电波传播特点；
2. 熟悉无线电测向竞赛流程，能够指导青少年参加竞赛；
3. 熟悉无线电测向训练方法，能够在学校开展无线电测向科技活动；
4. 了解相关竞赛项目及规则，为参加各级比赛奠定基础；
5. 通过无线电测向实践，掌握交叉定点测向技术、单双向判定技术。

实验准备：

1. 实验材料

电池、耳机、胶带、警戒带、地图等。

2. 实验器材、设备

测向机、信号源、电子计时系统、点标旗、指北针、对讲机。

实验原理：

简单地说，信号源发出的无线电电波以发射天线为中心，向四周传播，并随着距离增加，不断衰减。测向机接收到的信号，也将因为和信号源的距离不同，强弱不同，越靠近信号源，信号越强。

测向机的天线具有方向性，不同方向接收到的信号强度不同，利用无线电测向相关技术，判断信号源所在位置，并采用跟踪法、比音量法等方法，可以迅速准确找到信号源。

教学策略：

课前通知学生预习平台发布的无线电测向介绍视频，了解活动方式及大致流程；课中再次介绍基本原理、无线电测向的技术、无线电测向的流程及规则等，然后分两部分，其中一部分学生带着信号源、计时系统、对讲机进入预设位置，开启信号源，剩下几组学生打开测向机，在限定时间内进行"狐狸台"的找寻，找到后打卡返回。完成后，两部分学生换工再次进行"狐狸台"的找寻与打卡。最后收点完工。

（课堂教学）

1．原理介绍（以 80 米波段测向机为例）

（1）双向原理：测向机处于通常状态时，直立天线不抽出、单向开关不按下，只有磁性天线独立接收信号，测向机接收信号过程中出现"8"字形方向图，即"磁性天线的双向性"。

（2）单向原理：将直立天线抽出、按下单向开关，直立拉杆天线接入测向机电路，测向机处于"双天线"接收状态时，直立拉杆天线接收信号与磁性天线接收的信号"叠加"，合成出"心脏形方向图"，原来"8"字形方向变成一个方向信号强，另一个方向信号弱，出现"单向性"。

2．器材介绍

熟悉短距离测向机的面板结构及功能，测向机各旋钮、开关的功能。

（1）频率旋钮：用来调谐到所测信号源的频率，要求耳机听到的信号声音清晰、悦耳；

（2）音量旋钮：用来控制耳机中音量大小（在电路中也是增益旋钮）。在接近被测信号源电台的途中，随着接收信号强度的不断增加，需经常调整，以获得更好的方向性；

（3）单向按钮：用来判断电台的单向方向。按下此按钮，接收信号产生心脏方向图，产生单向性。当松开此开关，则自动断开直立天线，测向机保持"8"字形方向图；

（4）测向机电源开关和耳机插孔为一体式结构，插入耳机则电源开关接通，拔出耳机电源断开。

3．测向技术（本单元参考 BD1JMR 苏燕生老师"军事无线电测向训练与比武考核"内容）

（1）调哑点线

哑点线定义及其作用：用哑点线瞄准电台方向，测向机好比是猎枪，哑点线好比是枪管延长线，瞄准才能"射击"，"捕获"目标。

收测电台信号调出悦耳的电报码声音，调测出"单向大音面"。

调准拟测电台信号后，把测向机收到胸前，右手拇指按下单向按钮；此时直立拉杆天线与磁棒天线同时接收信号，送入测向机，复合产生心脏瓣形方向图。然后迅速转动持测向机的手腕（手背朝前或朝后），测出两个方向声音大小不同，声音大的面就是"单向大音面"，此过程称为"定边"，即所测电台信号在测向人员的前边还是后边。单向大音面能粗略判断隐蔽电台的大概方位。

松开单向按钮，这时测向机的单向大音面朝着电台的方向，立即把音量调小并试着转动手腕，当磁棒的轴线对着电台时，没有声音，证明音量调对了；如果有声音，证明音量调得不对，重新调音量，直到调准为止。轴线延长线就是"哑点线"。

当"哑点线"出现后，收回直立天线，左右转动手腕，耳朵里出现的是"有－无－有"，再回来"有－无－有"。这样一直向着电台方位跑动前进。

（2）方向跟踪

沿着测向机测出的电台方向，边跑边继续测向，不断靠近电台并找到电台的方法，叫"方向跟踪"。其过程是根据接收电台信号的强弱，并借助于接收天线的方向性来完成。

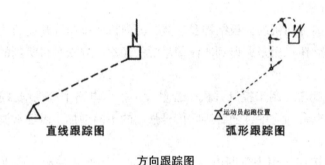

直线跟踪图　　　　　　弧形跟踪图

方向跟踪图

小音点跟踪与大音面跟踪是常用的两种方法。80米波段测向常用小音点（哑点线）跟踪，2米测向主要用大音面跟踪。

方向跟踪多用于地形简单、无明显的大地物特征，且在所测电台工作周期内能够到达电台的情况下使用，如在标准距离信号源一个周期工作1分钟内。具体方法有：

①直线跟踪

当进入近台区测向时，用单向大音面（2米测向）或双向小音点（80米波段）测出待测电台的方向线。沿着方向线快速前行，同时不断摆动测向机，校正前进方向（注意前进过程中随时调小音量），始终保证沿着方向线行进，直至靠近电台。

采用直线跟踪的最大优势是路程短，不绕弯路，寻找电台的速度快。但也要注意以下两点：

第一，直线跟踪时容易出现因速度过快而从电台附近越过的情况。这时运动员已经跑过电台位置，但是没有察觉，测向机指示的哑点线并没有发生太大的变化。如果没有及时发现，就会变成反向跟踪，离电台越来越远，直到耳机中的音量出现明显变小才会发觉。为避免这种情况发生，在跟踪过程中要间隔一段距离测一次单向，判断大音面是否还在前方，另外也不要一味追求跟踪速度，把握速度和判定方向线之间的尺度。

第二，在直线跟踪时，如果是标准距离或者快速测向等赛事，可能会出现所测电台一个发信周期结束，但是仍然没有到达电台附近的情况。如果没有使用交叉定点技术，很难判断自己距离所测电台距离还有多远，造成一定的困扰。为避免出现这种情况，一要熟练使用测向机上的衰减开关，通过衰减后能否测听到信号，判断所测电台在一个周期发射停止时，自己距离电台的大致距离；二是借助地图，根据典型地物，确定方向线大致位置，以便沿线搜索。

②弧形跟踪

也称为"包抄验证跟踪"。在靠近可能藏有电台的区域时，音量会突然增大，如果不能找到隐蔽电台，此时就不要直接沿着方向线往前冲，而是顺势从判断所测电台的大致区域外围迂回，包抄，并不断地用交叉定位法判断，用多次交叉点的位置来"验证"电台的准确位置之后，再靠近电台，搜索隐蔽电台位置。

因此，弧形跟踪找寻隐蔽电台的速度要比直接跟踪的速度要慢。这种方法的优点是不会"跑过头"。弧形跟踪过程中，如果隐蔽电台不在发射周期，停止发射，但是可能在停止前已经通过交叉定点判断出大致的位置，而且交叉次数越多，越容易判定。

在短距离无线电测向中，推荐使用直线跟踪。

（3）交叉定点

运动员在两个以上的测向点，将测出两条及两条以上的方向线，方向线的交汇点即为所测电台的位置，此方法称为交叉定点。

交叉定点的具体操作如下图所示。运动员在 A 点收到所测电台信号，测出一条方向线，记住这条线上前方的特征地物。再沿该方向线 30 度左右夹角跑到 B 点，用磁棒轴线（哑点线）对准刚才在 A 点测出方向线，转动测向机，测出另一条方向线。两条方向线的交叉点即为隐蔽电台位置。为了能更准确判定隐蔽电台位置，应采用多次交叉定点技术，即继续沿 B 点方向线的 30 度左右夹角跑至 C 点，再到 D 点……参考弧形跟踪的方法。如果交叉定点次数达 4 次以上，且已经绕着隐蔽电台跑了大半圈，交点基本上已非常准确，误差约 4 米以内，此时如果隐蔽电台停止发射，也能够马上找到它。

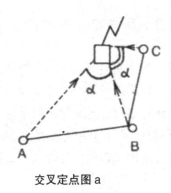

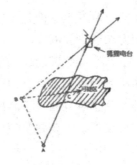

交叉定点图a   交叉定点图b

图a中所示为理想情况下的路线。在实际测向中，场地地形地貌、地物、道路不同，A、B、C等各点的选择也不同。这些点选择是否适当，直接影响到交叉定点的成功率。

交叉定点时站立点的选择应注意以下几点：

①根据远距离测出的"线"和"点"，尽量在该隐蔽台下一轮发信时靠近电台。靠得越近，交叉定点的精度越高，跑动所需的路线就越短；

②方向线夹角愈接近90度误差愈小，但在实际运用中，考虑到时间的限制和运动员的体力消耗，此夹角以60～90度为宜；

③测向点站立点的选择，应考虑到避开障碍物及难以通行的区域；测向点之间的路径选择，应该尽量选择道路或者容易通过的区域，以便于快速奔跑；

④在草丛、树木稠密的山区，选择测向点的难度较大，要根据现场环境综合考虑。如果在山下时，尽量依据附近道路选择站立点进行交叉定点，在未确定交叉点在山上之前，不要贸然上山，还要避免进入凹地；如果站立点在山腰，尽量沿着等高线的走向选择站立点交叉定点；如果在山上，尽量选择在山脊走向、道路较多位置交叉定点。这样方向性受影响较小，既容易判定方向线，也易于选择道路。

综上所述，在地形比较复杂的区域，如村庄、树丛、山地中使用交叉定点技术更有效。

（4）"扫台"技术

"扫台"技术包括"扫音量"与"跑音量"。这两种技术都是在跑动过程中比较音量的大小、强弱，即"比音量"。

在距离电台很近时，比如距离电台数米内，测向机可能出现干扰，出现无法分辨出方向线的现象，此时可以通过比较测向机因距离不同而出现音量变化大的特性，来确定隐蔽电台的位置，这个方法称作比音量。

下面介绍80m波段测向中比音量的两种方法：

①跑音量

在近台区因为严重干扰，方向线混乱无法测出时常用。

具体方法：将测向机持于胸前，关小音量，收起直立拉杆天线，测向机方向为测哑点线的方向，保持测向机不动，在可疑区直角折线奔跑，通过比较音量，找出声音骤起处，然后再用"扫音量"法，判定隐蔽电台的具体位置。跑三到四个点，当声音骤起时开始扫台。

②扫音量

在距电台数米内，因信号强度太强，测向机失去了方向性时常用。

具体方法：抽出测向机拉杆天线，按住单向开关，拉杆天线接入测向机电路，收到待测电台信号后，持测向机向周围做弧形扫动。寻找音量最大的方向，沿此方向边扫边前行，直到找到电台。这种方法只适用于距离隐蔽电台数米以内，测向机失去方向性时辅助使用。

4．总结无线电测向技能要求

（1）熟练使用测向机、熟记各个"狐狸台"的频率、电码并能准确调谐；

（2）掌握快速调出"单向大音面"的方法；

（3）掌握调准"哑点线"的方法；

（4）熟练地运用"直线跟踪""和"弧线跟踪"进行方向跟踪；

（5）两点／多点交叉定点；

（6）扫台技术；

（7）测报目标与识图标图、使用地图来跑台；

（8）标准距离熟练地判断首找台和跑台路线；

（9）把测向变成定向技术。

课后反思及作业：

1．2米波段测向的方法和80米波段是否相同？

2．拉杆天线什么时候不需要拉出？

3．成绩统计比较先进科学的方法是采用电子打卡计时系统，因为价格比较高，可能很多学校不能采购。如果暂时没有，有什么低成本代替的办法解决？

4．请写本次活动心得体会，附活动照片，提交到平台。

附1　基础知识

"狐狸台"所发射的莫尔斯电码信号：我们通常把电码中的长音表示为"－"，读作"嗒"；把电码中的短音表示为"●"，读作"滴"，常用信号源发出的电码如下：

表 6-4 短 80 米波段信号

0 号台（-----）	1 号台 MOE（-- --- ●）	2 号台 MOI（-- --- ●●）
3.500MHz	3.510MHz	3.520MHz
3 号台 MOS（-- --- ●●●）	4 号台 MOH（-- --- ●●●）	5 号台 MO5（-- --- ●●●●●）
3.530MHz	3.540MHz	3.550MHz
6 号台 6（- ●●●●）	7 号台 7（-- ●●●）	8 号台 8（--- ●●）
3.560MHz	3.570MHz	3.580MHz
9 号台 9（----- ●）	MO 台（-- ---）	
3.590MHz	3.600MHz	

表 6-5 短 2 米信号

1 号台 MOE（-- --- ●）	2 号台 MOI（-- --- ●●）	3 号台 MOS（-- --- ●●●）
144.410MHz	144.420MHz	144.430MHz
4 号台 MOH（-- --- ●●●）	5 号台 MO5（-- --- ●●●●●）	6 号台 6（- ●●●●）
144.440MHz	144.450MHz	144.460MHz
7 号台 7（-- ●●●）	8 号台 8（--- ●●）	9 号台 9（----- ●）
144.470MHz	144.480MHz	144.490MHz
0 号台（-----）	MO 台（-- ---）	
145.000MHz	145.800MHz	

表 6-6 标准距离信号

MO	MOE、MOI、MOS、MOH、MO5	10-12WPM	
3.600MHz	3.550MHz	垂直极化	MO 为连续发射，其他 5 分钟一个周期循环，每个周期内发射 1 分钟（58 秒发射呼号，2 秒发射连续无调制载波），等待 4 分钟
145.800MHz	144.500MHz	水平极化	

微功率测向信号

输出功率 0.02 ~ 0.1W，载波编码 / 电台呼号：MOE、MOI、MOS、MOH、MO5，6、7、8、9、0，阳光测向频率同短距离 80 米波段测向，定向猎狐增加台号为 A、B、C、D、F、G、J、K、L、M、N、O、P、Q、R、U、V、W、X、Y、Z，频率为 3 个可选，分别是 3.510MHz、3.540MHz、3.570MHz，连续发射。

快速测向信号

慢速台和快速台信号均为 MOE、MOI、MOS、MOH、MO5，慢速台频率 3.510MHz，速度为 10 ~ 12WPM，每台发射 12 秒；快速台频率为 3.570MHz，速度为 14 ~ 16WPM，每台发射 10 秒呼号加 2 秒无调制连续载波。发射顺序：第 0 至 12 秒 MOE、第 13 至 24 秒 MOI、第 25 至 36 秒 MOS、第 37 至 48 秒 MOH、第 49 至 60 秒 MO5；MO、S 台为连续发射台，MO 频率 3.600MHz，S 频率 3.540MHz。

注：MO 为终点信标台，S 为快慢速区过渡台

附 2　几种测向活动介绍

80 米波段短距离无线电测向、阳光测向：

选取一块适合无线电测向的场地，安全为第一要点，结合活动时间和难易程度，设定场地活动范围、起点终点位置，起终点的选择要考虑宽敞，有休息区，卫生间不宜离得太远。如校园内可以把起终点设置在教学楼门口；

取若干台 80 米波段短距离 / 阳光测向信号源，隐藏到场地内，信号源的放置，注意远离建筑物、金属护栏网等影响信号传播的物体，可以挂在书上，注意打卡器和点标旗等放置在信号源附近，不要离地面太高或太低，建议 1 米左右高度，信号源之间要间隔一定距离，避免临近电台干扰发射，信号源附近应该安排专人监控；

组织参加活动人员起点集合，做好准备活动；

通知场地信号源开机，安排监听人员监听所有信号源是否正常工作，如有个别不正常，通知场地对应信号源监控人员；

组织参加人员按照批次，拿着测向机出发；

活动开始后，通知终点人员准备接收返回的人员打印成绩及休息；

成绩判定以找全规定的电台，用时短者名次在前排序，少找 1 台者按照用时再排序，以此类推。

团体测向

团体测向可以 3 ~ 5 人为一个团队，要求团队成员分工寻找各自要求的发报台，团队中最后一个到达终点的人员时间为团队用时。

参考短距离测向前四步骤组织；

起点公布团队成员需要找的电台台号，每人需要找的台数；

组织团队按照批次出发；

活动开始后，通知终点人员准备接收返回的队员打印成绩及休息；

成绩判定以找全规定的电台，用时短者名次在前排序，少找 1 台者按照用时再次排序，以此类推。注意，团队总台数找全，但是个别队员找台数不够，按照少找处理。例如甲乙丙 3 人找 9 个台，每人应该找 3 个，但是甲乙找到 7 个不同电台，丙找到 2 个不同电台，合计 9 个不同电台，但是团队成绩按照少找 1 台处理。

接力测向

接力测向一般一个团队 3 人，类似于田径比赛的接力赛，团队成员提前约定每个人要找的电台号，第一名队员返回后，第二名队员才可以出发，最后一个人到达终点时间为团队用时。

步骤参考前面团队赛安排，区别是在终点附近要单独设置一个接力区，设置原则是前一名队员返回，和下一名队员交接后，有单独通道到达终点，不能干扰到未出发队员；

成绩判定以找全规定的电台，用时短者名次在前，少找 1 台，按照用时再排序，以此类推。

第六节　测向机的组装与调试

实验目的、意义：

1. 掌握 PJ80-A 型测向机工作原理；
2. 熟悉 PJ80-A 型测向机的电路；
3. 熟练应用焊接技术制作测向机；
4. 熟练掌握调试技术，调测测向机。

实验准备：

1. 实验材料

焊锡丝、松香、PJ80-A 型测向机套件。

2. 实验设备、器材

电烙铁、支架、万用表、无感起子、信号源、小音箱。

实验原理：

L1 及 C1 组成选频电路，接收 80 米波段信号源发射的信号，拉杆天线接收到的信号通过单向按钮 S1、移相电阻 R15 接入选频回路，合成的信号再经 C2 等送入 VT1 等组成的高放电路放大。RP1-1 改变高放回路放大增益，再经过 T1 送至次级线圈，VT3 等组成可调差拍振荡器把振荡信号通过 T2 加到 T1 次级线圈，两路信号混频后，，经过 VD1 等组成的差拍检波器检波，得到 1KHz 的音频信号，送到低放及功放电路，推动耳机发出声音。改变 RP2 的大小，改变了加到变容二极管上的偏压，改变了差拍振荡器输出频率，从而实现"调谐不同频率"的功能。RP1-2 控制功放增益，和 RP1-1 同轴联动。全机电路原理图和印刷电路板图附后。

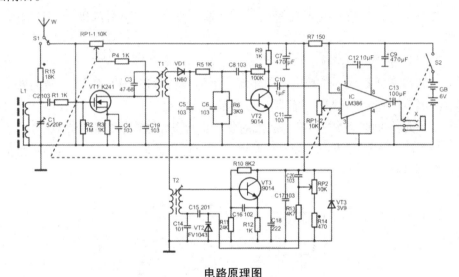

电路原理图

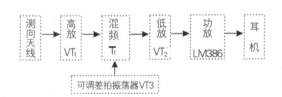

整机方框图

教学策略：

　　以教师讲授及现场指导为主。

课堂教学：

　　1．介绍测向机套件（以 PJ80-A 型无线电测向机套件为例）

　　（1）套件概况

该机为普及型直放式 80 m 波段无线电测向机 / 套件，价格低廉、易于安装，适合广大业余无线电爱好者和青少年学生以及职业教育院校开展工程制作使用。

主要性能要求：

①频率范围：不小于 3.500 ~ 3.600 MHz。

②方向性：方向分辨距离小于 1 m。

③可收测距离：大于 1 km（使用 TX80 D 型测向信号源）。

（2）元器件辨认

带领学生逐一进行元器件辨认，尤其是二极管、三极管的极性、集成电路引脚。

2．制作过程

（1）粘贴屏蔽纸：通常出厂已贴好。为防止高频信号短路，上下壳合拢时，顶端的屏蔽纸有 1 mm 左右的间距，以保证正常接收。

（2）元器件的检查与装配：装配前要认真检查元器件的数量和质量。

（3）固定磁性天线：将吸盘按照电路板上标识的位置装好，磁棒装配好后，用扎带将磁棒锁紧。

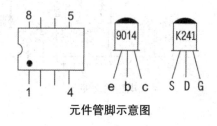

元件管脚示意图

（4）安装直立天线：在元器件焊接完毕后，在拉杆天线与焊盘之间放置一个小金属垫片，再用 M2.5mm 的螺丝将拉杆天线下端固定在电路板焊接面，这样可保证天线与电路板平行且良好导电。

（5）安装电池片：两块电池片均有弹簧和敷铜板触盘。把标有正负极焊盘的电池片焊接到电路板上，另一块带有定位槽的电池片插入电池盒另一侧。

本机设计时特意使上下层电池的极性相同，以便在取出电池时较为顺利。机壳合盖后安装电池，请将丝带居中压在电池下方。

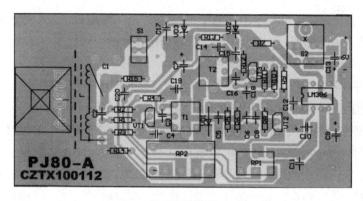

印刷电路板图

3．调试过程

（1）电路直流工作点的检测

VT1：R3 两端电压约 0.4 ～ 1 V（集电极电流约 0.4 ～ 1 mA，RP1 置增益最大的位置）。

VT2：R9 两端电压约 1.5 ～ 3 V（集电极电流约 1.5 ～ 3 mA）。

VT3：R12 两端电压约 1.5 ～ 3 V（集电极电流约 1.5 ～ 3 mA）。

本机电路适应范围较宽，工作点电流值已由设计确定，通常无需调整。

表 6-7　LM386 各脚对地电压（参考值）

管脚	1	2	3	4	5	6	7	8
电压（V）	1.2	0	0	0	2.8	5.8	2.8	1.2

（2）整机调试

①使用标准高频信号发生器调整

a．将 W2 反时针方向旋到头后，再顺时针方向稍旋回一点。

b．高频信号发生器置 3.5 ～ 3.6 MHz 频段，输出等幅信号，调整输出为较大，输出端接耦合线圈或圆形发射天线，靠近测向机磁性天线。

c．转动高频信号发生器频率旋钮，此时测向机应该听到音调发生变化，这表示测向机差拍振荡器已经工作，调整高频信号发生器输出频率为 3.500 MHz，调整 T2（白色）磁芯，使接收时的信号音调悦耳（约 1000 Hz）。

d．在持续收到信号的情况下，逐步升高信号发生器频率并顺时针转动 RP2，转到头时应能听到大于 3.600 MHz 的信号。

e．分别将 RP2 按逆时针、顺时针方向转到头，听到的频率应略低于 3.500 MHz 和略高于 3.600 MHz，并且两端的富余量基本相同。若低端余量较大，可将 T2 磁芯略微外旋；反之，相反。

f. 通常将测向机频率覆盖范围两端扩展各约 5 ~ 20 KHz。如果频率覆盖范围过大，适当增大 R14 阻值，如果过小，无法调节出正常的覆盖范围，则减少 R14 值。

②使用 80 米波段测向信号源调整

需架好 0 号、3 号、5 号、7 号、MO 五部信号源电台。

a. 将 RP2 逆时针方向旋到头后，再顺时针方向稍旋回 5° ~ 10°。

b. 调整 T2（白色）磁帽，使测向机收到 0 号台（3.500 MHz）信号。

c. 顺时针旋转 RP2，使测向机收到 3 号台（3.530 MHz）信号并使其悦耳（约 1000 Hz）；调节 C1 旋转一周声音出现两次最大点，选中其中一个最响点。如没有出现两个最次响点，调整磁棒线圈的位置；若电感量小也可以在 C1 两端并联一个 5 ~ 20PF 的固定电容器，重新调节 C1，直至旋转一周有两个最响点为宜。

d. 顺时针旋转 RP2，使测向机收到 7 号台（3.570 MHz）信号并使其悦耳（约 1000 Hz）；然后用无感起子调整 T1（黑色）帽，使声音最大。注意不要太猛，以免损坏磁芯。

e. 继续顺时针旋转 RP2，使测向机收到 MO 台（3.600 MHz）信号并使其悦耳；如 RP2 还有一定符合要求的余量，这部测向机的灵敏度和频率范围就基本符合要求了。

f. 如果收听的范围太宽或太窄，参考前面方法，更换 R14。

③细调

无论是用标准信号发生器或用 80 m 波段测向信号源电台调试测向机，按以上步骤粗调以后，都要认真反复细调天线回路的 L 和 C1、混频回路的 T1（黑色）、以及决定频率范围的 T2（白色），直至测向机工作在最佳状态，才能制作出一部合格的无线电测向机。

④方向性的调试

选择一个远离高大建筑物、电力线等人工地物的开阔环境。架设信号源时，天线应尽可能拉直，向上展开。离开信号源几十米左右，测试磁性天线的"双向"特性，然后调节拉杆直立天线的长度，按下单向按钮，测试该机的单向大音面。若分辨困难，应改变移相电阻 R15 的大小，再进行试验。单向可分辨距离应小于 3 m。

（ 课后反思及作业： ）

1. 普通超外差短波收音机能否收听到信号源信号？

2. 是否可以改制普通收音机为测向机？

第七章

教育机器人系列实验

第一节　OTTO 教育机器人的组装与编程实验

实验目的、意义：

1. 了解 OTTO 教育机器人的结构与构造，掌握教育机器人的工作原理；
2. 掌握 OTTO 教育机器人的组装技术及安装流程；
3. 熟悉舵机控制机器人动作的方法；
4. 掌握一种图形化语言编程工具，理解代码和动作之间的逻辑联系。

实验原理：

OTTO 是一款由中贝斯特在国内推出的开源机器人，它可以完成行走、探测障碍物、跳舞、发出不同音调以及不同控制反应等一系列动作，动作依托于使用者的编程组合，等于通过编程，赋予它情感和动作。

实验准备：

1. 实验器材

OTTO 机器人套件、传感器模块。

2. 实验设备及工具

笔记本电脑、水口钳、螺丝刀。

教学策略：

课前通知学生预习平台的教学视频，下载安装图形化编程软件、驱动程序，课堂直接介绍结构及安装方法，安装完毕后介绍图形化编程的操作，最后由学生编程实践。

课堂教学：

1. 机器人套件介绍

OTTO 教育机器人分基本版和加强版（3D 打印机打印的身体部件、传感器、舵机、Arduino nano 控制板），主要由以下模块和传感器组成：

（1）OTTO–Basic 基础版

①四个舵机：控制腿部和脚部活动；

②蜂鸣器：使 OTTO 能够发出不同的声音；

③超声波模块：使得 OTTO 可以通过眼睛提供不同的反馈。

OTTO 组装完成

（2）OTTO–Plus 全功能版

包含 Basic 版的所有部件，可以实现 Basic 版的所有功能。

①增加蓝牙模块，可以下载手机 App 来远程控制 OTTO 机器人；

②增加声控开关模块，可以通过外部声响来控制 OTTO 执行命令；

③增加触摸传感器，可以通过 OTTO 头部触摸来执行命令；

④增加点阵模块，让 OTTO 增加嘴部不同的表情表达。

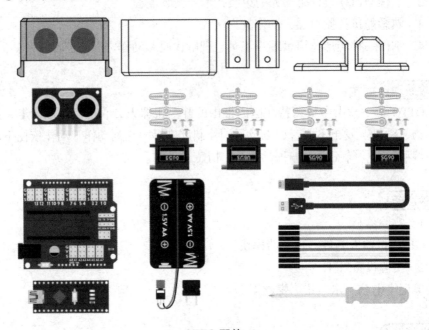

OTTO 配件

2．组装流程

（1）OTTO– 安装流程

①安装两个身体部位舵机；

②用长螺丝固定舵机；

③把舵机联动杆剪掉一部分，安装到机器人腿部内；

④把机器人腿部安装到舵机轴上，用短螺丝固定；

⑤取两个舵机连轴杆，剪掉一侧端部，固定到舵机上，然后把舵机安装到机

器人脚部支架中，用螺丝固定；

⑥把机器人脚部组件插入腿部支架中，舵机的引线穿入身体盒子内；

⑦立起机器人，用螺丝固定腿部；

⑧把芯片板插入扩展板中，舵机控制线排序按照扩展板上标识，切忌插反！扩展板上 2 ~ 5 号接线端子对应着左腿舵机、右腿舵机、左脚舵机、右脚舵机；

⑨把超声波传感器板安装到机器人头部的盒子中，连接蜂鸣器，超声波传感器连线对应扩展板 8 ~ 9 插座，蜂鸣器对应 13 号插座，注意核对各个端子位置，尤其是正负极不能接错；

⑩把控制板安装到机器人身体内，用螺丝固定；

⑪把开关串联在电源盒引线中，开关插入机器人身体盒内开关座上，用一根短舵机连接杆压住，螺丝固定，电源引出线分别插入扩展板 VIN 和 GND 插座上。如果用镍氢充电电池，因为串联电压为 4.8V，因此电源盒的正极引线直接插到扩展板 A7 插座的 V 插头上；

⑫固定蜂鸣器，电池盒装入机器人身体中，盖上头部盒子，机器人组装完毕。

（2）电路连线（注意：扩展板上所有的 G 都是连通的，所有的 V 都是连通的，可以任意接。）

①舵机（橙色线接 S）

面朝自己时候接线如下：右上——接 2 号那排，注意橙色接 S；左上——接 3 号那排，注意橙色接 S；右下——接 4 号那排，注意橙色接 S；左下——接 5 号那排，注意橙色接 S。

②蜂鸣器

正极（+）——接 13 号 S 端；负极（－）——接 G。

③超声波模块

VCC——接 V；Trig——接 8 号 S 端；Echo——接 9 号 S 端；GND——接 G。

④声控开关模块（Plus 版才有）

VCC——V；GND——G；OUT——A6 号 S 端；触摸模块（Plus 版才有）；

VCC（孔位 10）——V；I/O（孔位 9）——A0 号 S 端；GND（孔位 8）——G。

⑤点阵模块（Plus 版才有）

VCC——V；GND——G；DIN——A3 号 S 端；

CS——A2 号 S 端；CLK——A1 号 S 端。

⑥蓝牙模块（Plus 版才有，未上传程序之前不要接）

VCC——V；GND——G；TXD——RX；RXD——TX。

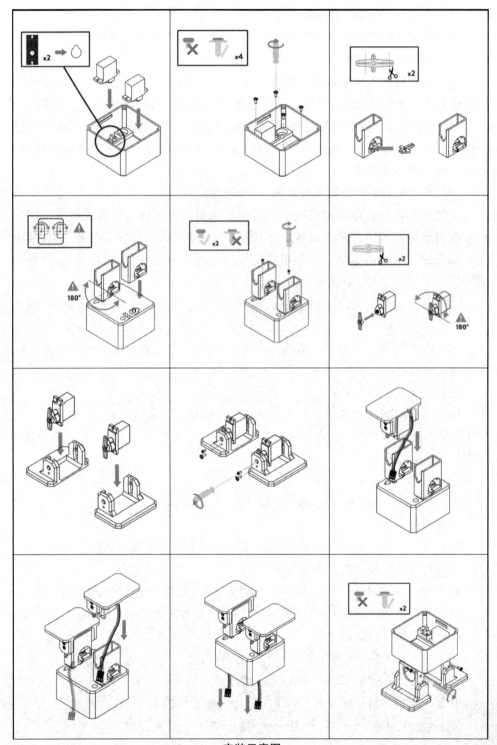

安装示意图 a

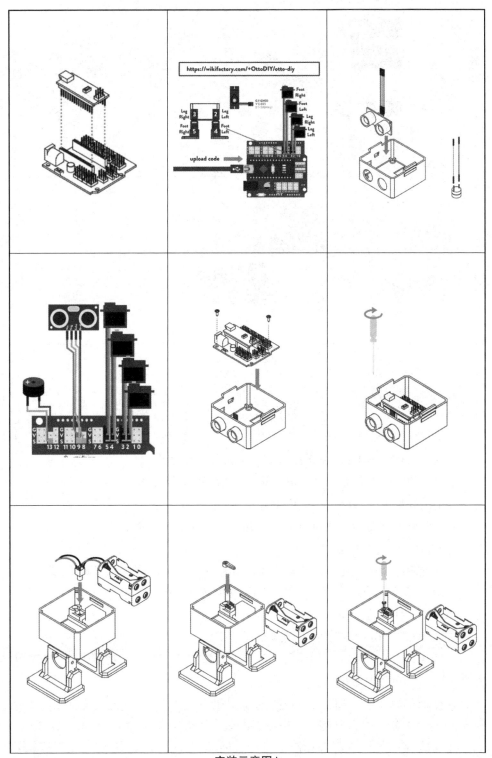

安装示意图 b

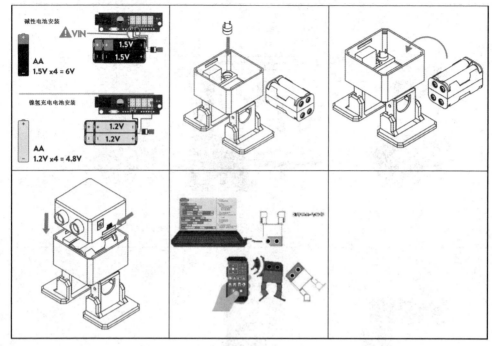

安装示意图 c

3．调试与编程

（1）调试

① OTTO-Basic 基础版

a. 安装软件（Arduino 编译器和 OTTO 图形化编译器）；

b. 把 OTTO 库文件拖入 Arduino 编译器对应库文件夹里；

c. 把组装好的 OTTO 机器人连接计算机；

d. 用测试程序对机器人进行测试，初步了解机器人功能。

② OTTO-Plus 全功能版

a. 用提供的测试程序，测试新增模块的功能（触摸、声控、LED 点阵）；

b. 用手机 App 连接 OTTO，尝试手机远程控制玩法（蓝牙）。

（2）图形化编程

①运行 OTTOBlockly 图形化编译器程序；

②启动后，软件分几个功能区，上方为设置菜单，左侧为功能模块，右侧为程序界面，中间为图形化编程显示界面；

③设置菜单功能按钮，如下图所示点击设置图标⊛，设置语言为中文，选择 level 难易级别，可调整初级、中级、高级三个级别；

④功能菜单区域，可选控制（启动、循环、停止等）、动作时长、逻辑功

能、传感器检测、机器人舵机动作、显示、音乐等图形模块；

⑤下面以"行走"和"跳舞"为例，介绍编程步骤，任选一个测试。

例1：机器人"行走"。

a. 功能模块区点击"控制"按钮，弹出下级菜单，左键点按"循环"按钮，拖拽到图形化编程显示界面，松开鼠标，开始图标停留在显示界面；

b. 功能模块区点击"逻辑"按钮，弹出下级菜单，左键点按"重复2次"按钮，拖拽到图形化编程显示界面，并使得此菜单上部凹口靠近前一步放置的"循环"菜单的中部凸口，当凸口边缘变黄，松开鼠标，听到计算机"咔"一声提示，此功能模块图标自动和上一功能模块贴到一起，表示两步程序无缝连接；

c. 功能化模块区点击"曰OTTO"按钮，弹出下级菜单，左键点按"运动"按钮，拖拽到图形化编程显示界面，移动到"重复"图标中间的凸口附近，当凸口边缘变黄，松开鼠标，听到计算机"咔"一声提示，此功能模块自动和"循环"模块无缝连接；可以选择"运动"功能中不同动作（如前进、后退、往左、往右、左转、右转、踢左腿、踢右腿、上等），速度有6个档位选项。

例2：机器人跳舞。

a. 功能模块区点击"控制"按钮，弹出下级菜单，左键点按"开始"按钮，拖拽到图形化编程显示界面，松开鼠标，开始图标停留在显示界面；

b. 功能模块区点击"逻辑"按钮，弹出下级菜单，左键点按"重复2次"按钮，拖拽到图形化编程显示界面，并使得此菜单上部凹口靠近前一步放置的"开始"菜单的下部凸口，当凸口边缘变黄，松开鼠标，听到计算机"咔"一声提示，此功能模块图标自动和上一功能模块贴到一起，表示两步程序无缝连接；左键点击数字"2"，反白后，可调整循环次数；

c. 功能化模块区点击"曰OTTO"按钮，弹出下级菜单，左键点按"运动"按钮，拖拽到图形化编程显示界面，同样方法移动到"重复"图标中间的凸口附近，当凸口边缘变黄，松开鼠标，听到计算机"咔"一声提示，此功能模块自动和"循环"模块无缝连接；

d. 功能模块区点击"逻辑"按钮，弹出下级菜单，左键点按"重复2次"按钮，拖拽到图形化编程显示界面，并使得此菜单上部凹口靠近前一步放置的"循环"菜单的底部凸口；

e. 功能化模块区点击"曰OTTO"按钮，弹出下级菜单，左键点按"做"按钮，拖拽到图形化编程显示界面，移动到"重复"图标中间的凸口处松开，选择"脚尖摇摆"；

f. 重复步骤⑤，设置5次；

g. 功能化模块区点击"曰OTTO"按钮，弹出下级菜单，左键点按"跳舞"

按钮，拖拽到图形化编程显示界面，移动到"重复"图标中间的凸口处松开，选择"太空步左"，速度正常，size大；

h. 重复步骤⑦，跳舞选择"太空步右"，速度正常，size大；

i. 重复步骤⑧，跳舞分别选择：横着左、横着右；

⑥功能模块区点击"控制"按钮，弹出下级菜单，左键点按"结束"按钮，拖拽到图形化编程显示界面，靠近"循环"模块下方，凸口边缘变黄后，松开鼠标，开始图标贴到程序中；

⑦同样的拖拽方法，把不同的动作模块、声音模块等放入功能显示界面中（注："结束"功能为所有动作完成后的最终结束命令）；

⑧选择控制板类型为Ardunio Nano，usb连接线连接计算机与OTTO机器人，端口请根据驱动程序安装完毕后，计算机显示控制板连接的实际端口设定；

⑨点击检查按钮，校验程序，无误后，出现"ok"的提示；

⑩点击"上传到控制板"按钮，程序上传到控制板芯片中，完成后提示"ok"；

⑪观察机器人是否按照预定程序动作。

课后反思及作业：

1. 如果需要机器人行走过程中能够自动避障，需要增加哪些硬件？如何编程？

2. 自己设计机器人的一段舞蹈，进行可视化编程，并上传到机器人中，观察是否符合要求？

3. 调整不同动作的方向、时间等，观察机器人的动作改变。

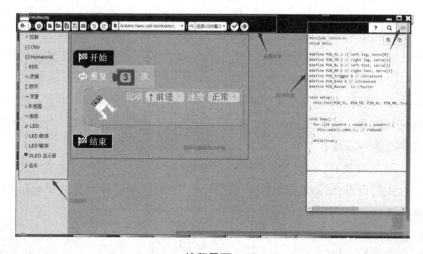

编程界面a

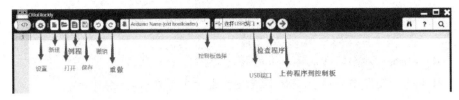

编程界面 b

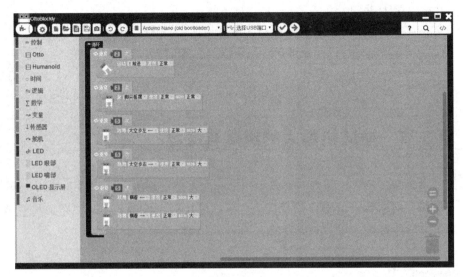

编程界面 c

附：功能模块介绍

Code：测试代码。

Alarm：测试超声波模块和蜂鸣器的接线是否正常。

All moves：测试 OTTO 的所有动作和声音，显示各种关节活动的测试，后面是声音配合体态的测试。

Avoid：超声波模块测试，前面没障碍物一直往前走，有障碍物后进入新的循环。

Calibration：校准程序，用来微调舵机角度。

Calibrationeasy：校准程序，用来微调舵机角度。效果和上一个程序类似。

Calibrationserial：校准程序，用来微调舵机角度。串口方式，类似 Calibration。

Distance：OTTO 变身测距仪。

Follow：跟随，把手放在 OTTO 眼前，OTTO 会跟着你走。

Footalign：舵机测试程序。

Happybirthday：让 OTTO 机器人给你唱生日快乐歌。

Happydance：一段跳舞程序，配合音乐表现出 OTTO 的快乐。

Jingle：Jingle bell，Jingle bell，Jingle on the way。（让 OTTO 演奏铃儿响叮当背景音）

MarioBros：让 OTTO 演奏超级玛丽背景音。

Mblock：使用 Mblock 软件时候需要预上传本程序。

Retrieve：狩猎，效果上参考 follow。

Run：OTTO 快速小跑。

Singleladies：碧昂斯的热门金曲《单身女郎》，由 OTTO 配舞。

Smoothcriminal：OTTO 拿手好戏，演绎迈克尔·杰克逊太空步。

SW：一段经典背景音。

第二节　途道机器人的组装与编程

途道机器人是一款非常适合青少年编程的套件，精心设计了各种零件，用汉堡包结构，搭建各种造型，创意百变，配以模块化主控单元，辅以距离传感器、陀螺传感器等接口，便于编程设计，适用于不同阶段科创教育。

实验目的、意义：

1. 了解汉堡包结构，掌握组装技巧；

2. 熟悉主控单元，懂得传感器输入、电机输出控制系统的原理；

3. 通过巡线机器人的组装与编程，掌握齿轮传动与变速知识，了解齿轮传动系统；

4. 学会模块化编程设计，理解条件判断逻辑、嵌套逻辑等模块，并能使用手机、电脑端编程及控制机器人。

实验原理：

利用两个电机与不同的齿轮组驱动，红外线距离传感器和程序实现机器人自动巡线。

实验准备：

1. 实验器材

途道机器人教育套装。

2. 实验设备

笔记本电脑。

通知学生预习平台视频，下载安装编程软件，课中直接提出设计要求，学生组装制作，然后指导学生编程设计。

1. 组装机器人（参考机器人组装示意图步骤）

2. 进行图形化编程（参考右图所示）

（1）手机编程

请先下载"途道机器人"App，安装后，打开手机蓝牙，软件里设置连接主控单元，选择套件类型，对应点选巡线机器人模型，选"编程"，进入编程界面，选"官方推荐"，可以得到右图所示图形化编程例程，也可选"我的创作"自行编程。

（2）电脑编程

请先下载"TDprogram"，根据系统选择Windows版本或者MacOS版本，按照提示安装软件后，将主控连接到TDprogram，在编程界面开始编程。

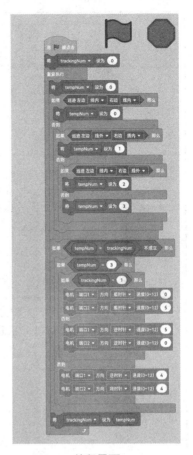

编程界面

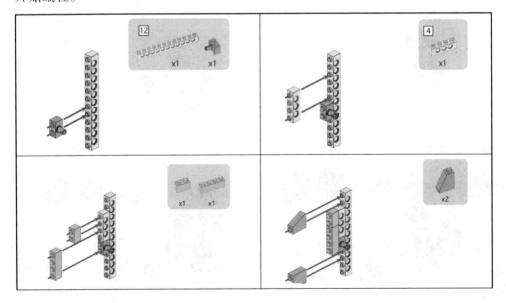

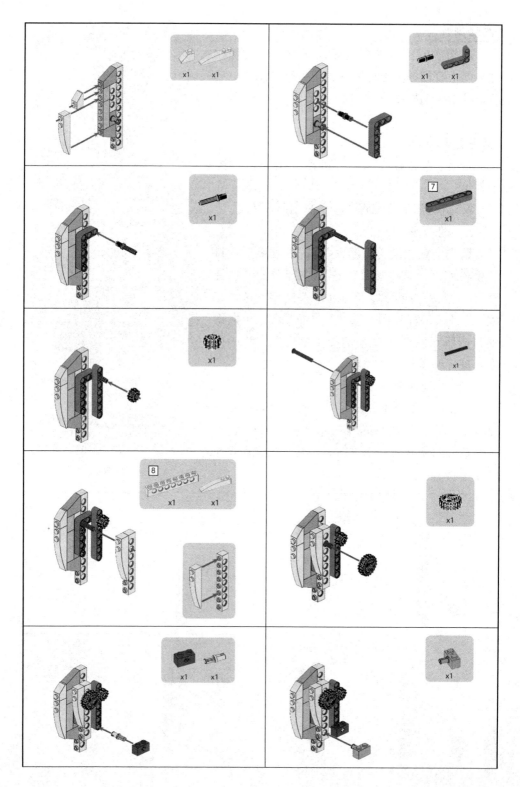

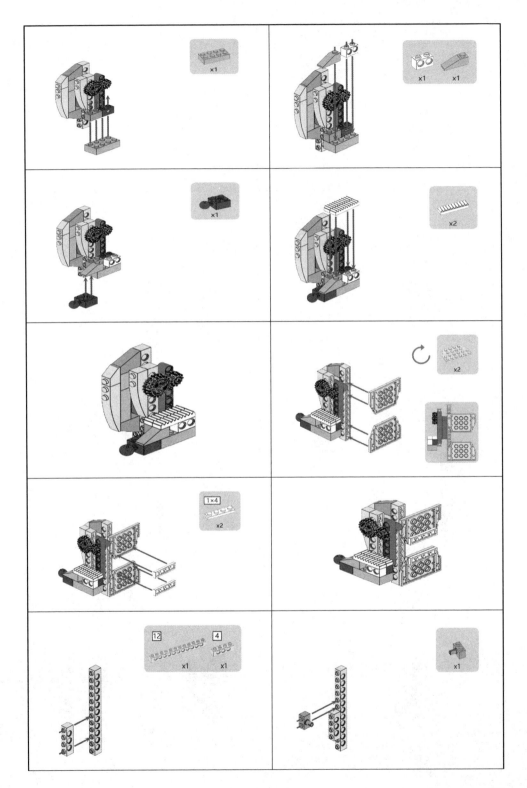

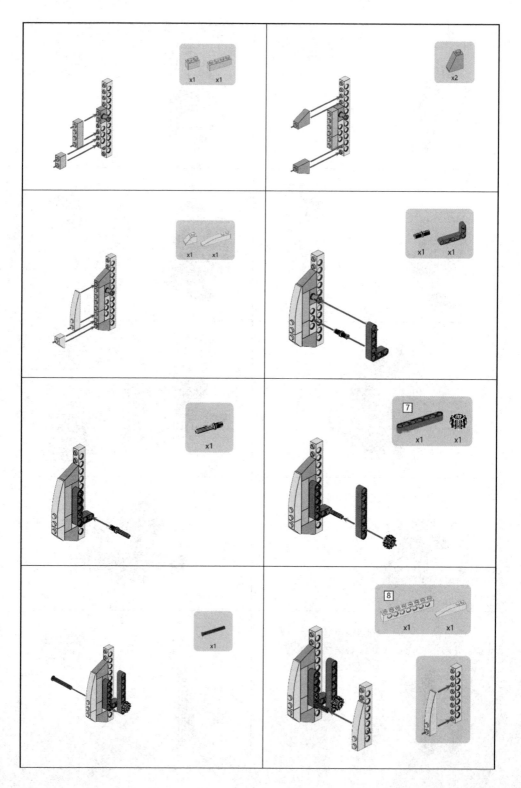

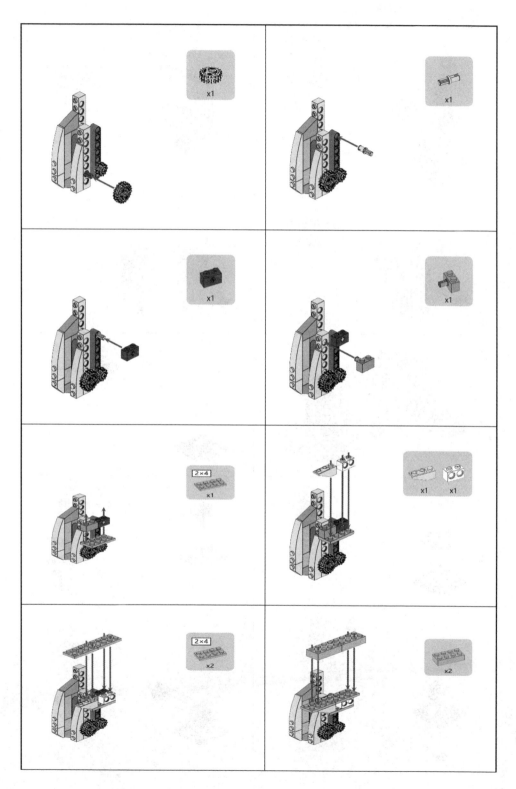

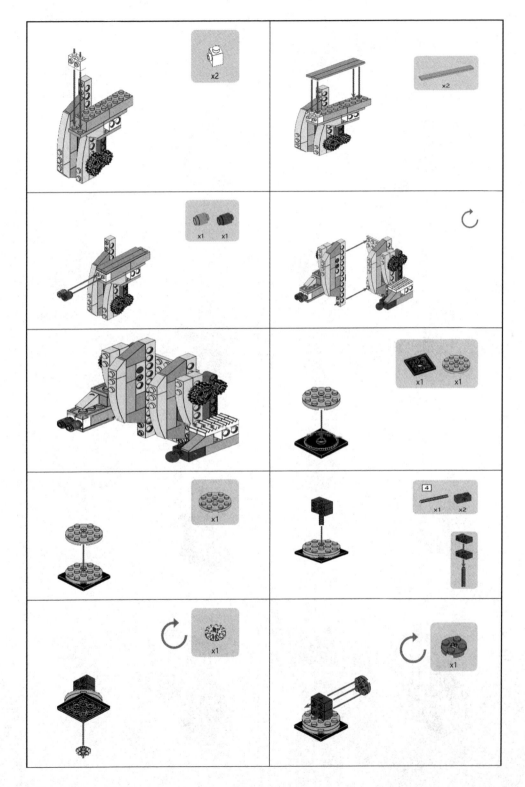

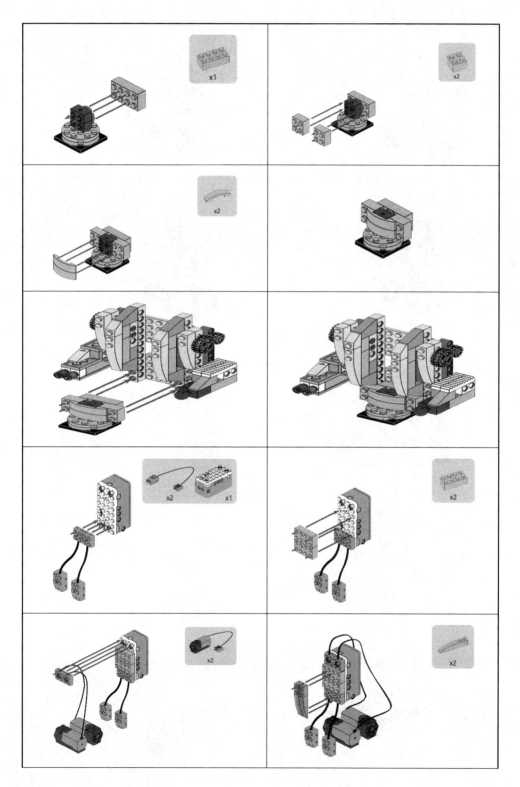

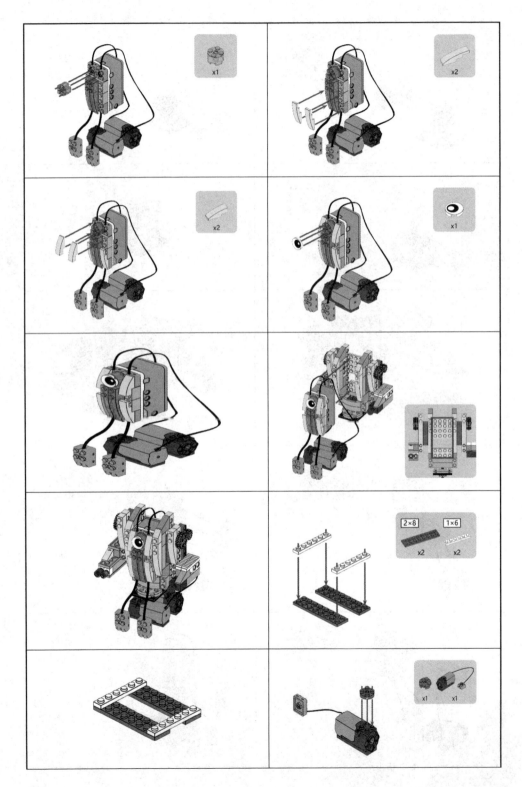

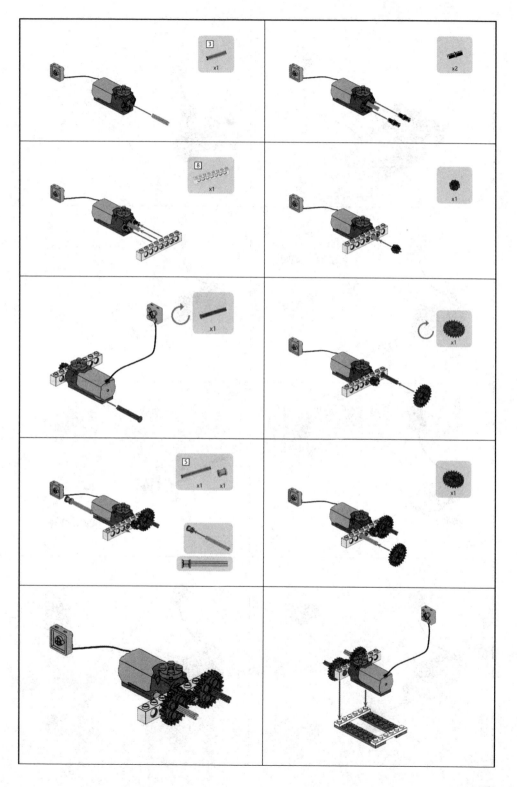

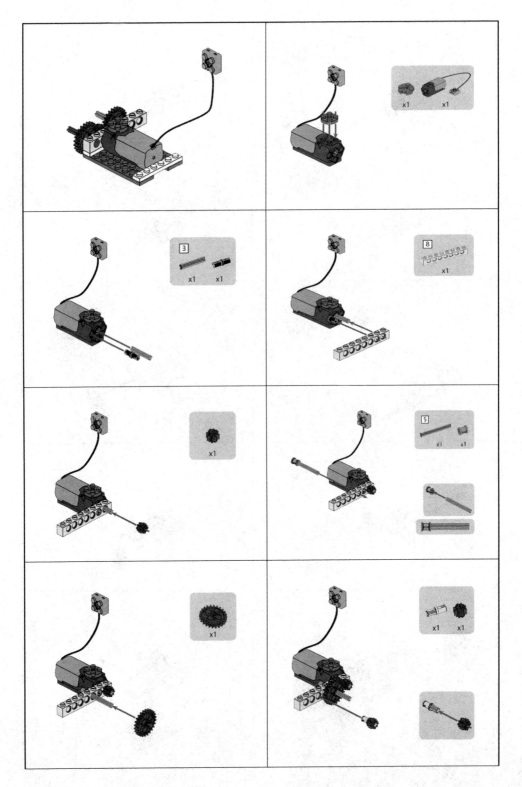

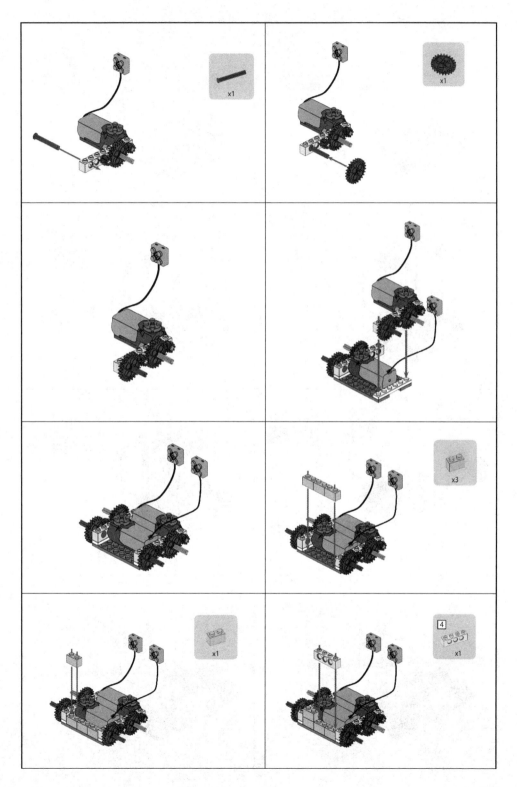

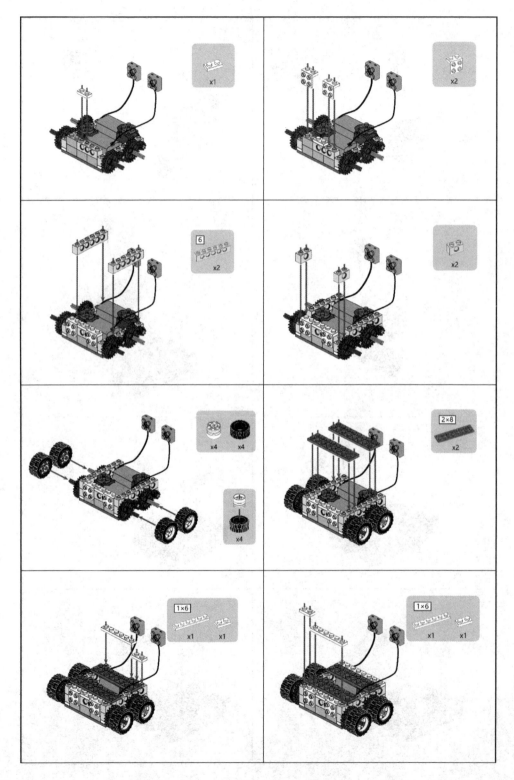

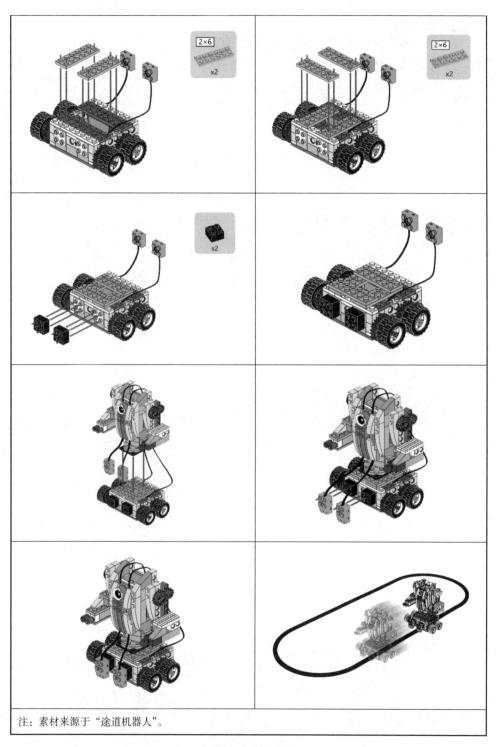

注：素材来源于"途道机器人"。

机器人组装示意图

1. 如果需要机器人沿白线巡迹，如何编程？
2. 本实验中都用到了哪些结构？
3. 测试用手机 App 控制机器人。

附录

中国无线电和定向运动协会电子制作项目教练员管理办法（试行）

第一章　总　　则

第一条　为推动电子制作项目广泛开展，加强电子制作项目教练员队伍建设，提高教练员科学训练水平，根据《中华人民共和国体育法》《体育教练员职务等级标准》《体育教练员岗位培训管理暂行办法》和中国无线电和定向运动协会（以下简称："协会"）的有关管理条例，结合电子制作项目特点，制定本办法。

第二条　电子制作项目教练员是指经协会培训、考核合格，从事开展电子制作项目培训、训练和竞赛工作的教练员 / 辅导员。

第三条　参加协会培训的教练员必须遵纪守法，热爱电子制作项目，身心健康，有较强责任感和事业心，愿意为电子制作项目的事业发展做出努力和贡献，努力学习、积累相关理论知识及实战技能，不断提高自己的教学、训练和科研能力。

第四条　协会负责教练员审批、注册、培训与管理工作，组织编写各级别教练员培训大纲和教材，认定培训单位资质，委托有资质的单位承办相关培训，制订中长期发展规划和年度培训计划，组建培训讲师团队。

第五条　《电子制作项目教练员管理办法（试行）》（以下简称："办法"）在中国无线电和定向运动协会统一部署指导下组织实施。

第六条　本办法中所述的全国性电子制作竞赛和培训均指由国家体育总局航管中心、中国无线电和定向运动协会举办的赛事和培训。

第二章　教练员职责与权力

第七条　教练员职责

（一）以科学的方法和负责任的态度选拔培养电子制作项目运动员，履行为国家培养优秀电子制作运动员的责任和义务。

（二）制定运动员的全年或阶段训练计划，严格训练，提高训练质量。

（三）参与电子制作项目的教学课件、教案、大纲、教材等相关资料的编写与开发，开展电子制作项目的科学研究，撰写学术论文。

第八条　教练员权力

（一）参加各级教练员专项培训的权力。

（二）对教练员管理工作提出意见和建议。

第三章　教练员等级标准

第九条　电子制作项目教练员等级共分为三级，从低到高依次为：初级教练员、中级教练员和高级教练员。

（一）初级教练员标准

1. 年龄在 18 周岁以上，具有大专及以上学历。

2. 基本掌握电子制作项目的竞赛规则、训练和组织教学方法。

3. 了解电子制作项目历史、文化等基础知识。

4. 熟悉电子制作项目竞赛知识，有能力组织训练模拟比赛。

5. 具有 2 年及以上的电子制作项目教学或训练经验。

6. 参加电子制作项目初级教练员专项技能培训考核，满学时并考试合格。

（二）中级教练员标准

1. 获得初级教练员等级满 2 年。

2. 熟练掌握电子制作项目的竞赛规则、教学及训练方法，具有较强的组织教学能力。

3. 熟悉电子制作项目的相关政策、规定等。

4. 参加电子制作项目中级教练员专项技能培训考核，满学时并考试合格。

5. 累计 2 次在国家体育总局航管中心、中国无线电和定向运动协会举办的全国青少年电子制作公开赛，或全国青少年电子制作锦标赛中获得优秀教练员 / 辅导员证书。

6. 在其任教期间，所培养运动员 2 人及以上获得中国无线电和定向运动协会认证的《电子制作项目运动水平等级标准（试行）》五级运动员及以上称号，同时获得如下成绩之一：

（1）在省体育主管部门或省协会举办的省级电子制作竞赛中获得个人前 3 名；

（2）在全国青少年电子制作公开赛中获得个人前 6 名。

（三）高级教练员标准

1. 获得中级教练员等级满 2 年。

2. 精通电子制作项目竞赛规则、训练和教学方法。

3. 在省体育主管部门或省协会举办的省级电子制作项目培训班上，担任主讲教师 2 次及以上。

4. 参与协会主编的电子制作项目教学课件、教案、大纲、教材、题库等相关资料的编写与开发，或发表 1 篇与电子制作项目相关的学术论文并通过审核。

5. 参加电子制作项目高级教练员专项技能培训考核，满学时并考试合格。

6. 累计 5 次在全国青少年电子制作公开赛，或全国青少年电子制作锦标赛中获得优秀教练员 / 辅导员证书。

7. 在其任教期间，所培养运动员 3 人及以上获得中国无线电和定向运动协会认证的《电子制作项目运动水平等级标准（试行）》二级运动员及以上称号，同时获得如下成绩之一：

（1）在全国青少年电子制作公开赛中获得个人第一名；

（2）在全国青少年电子制作锦标赛中获得个人前 3 名。

第十条　凡申请高一级别的教练员等级原则上应具备低一级别的等级。

第十一条　原则上竞赛成绩三年内有效，一名运动员的成绩只能用于一人申报高级教练员且运动员和教练员比赛时须报名注册为同一单位。

第四章　申　　请

第十二条　申请材料包括《电子制作项目教练员等级申请表》、等级培训证书和执教证明。执教证明为所培养运动员比赛成绩册、秩序册、获奖证书及所在单位出具的执教证明等可证明执教经历、时间及成绩的有关材料。

第十三条　申请人员将申请材料递交所在单位盖章后，提交相关审批单位申请教练员等级。

第五章　审　　批

第十四条　教练员等级审批权实行授权、分级管理。

第十五条　协会审批高级教练员，中、初级教练员暂由协会审批，根据各地发展状况，适时授权地方体育主管部门或地方协会审批。

第十六条　被授权审批工作的地方体育主管部门须每年底将本年度已批准的教练员信息汇总上报协会。

第六章　培训及考核认证

第十七条　各级教练员培训由协会批准举办，或授权相关体育主管部门举办，或由协会培训合作机构举办，举办单位须至少提前 3 个月向协会提交承办培训班的申办书及相关材料，经协会批准后方可举办。

第十八条　培训授课讲师由协会从讲师库中选派。

第十九条　培训学时要求

（一）初级教练员累计培训时间不少于 10 学时。

（二）中级教练员累计培训时间不少于 40 学时（包含初级教练员培训学时）。

（三）高级教练员累计培训时间不少于 80 学时（包含中级教练员培训学时）。

第二十条　完成规定课时的培训，通过协会或者协会指定方式考核后，培训承办单位须在考核结束后的十个工作日内向协会报送相关材料。

第二十一条　考试合格者信息将在协会官方网站予以公布。

第七章　证　　书

第二十二条　教练员等级证书是协会认定的唯一代表其电子制作项目教学、训练技术能力的证明。

第二十三条　教练员等级证书由协会统一设计、印制，免费提供。任何单位和个人不得收取任何费用。

第二十四条　高级教练员等级证书由协会发放。中级及以下教练员等级证书暂由协会发放，根据各地发展状况，适时授权地方体育主管部门或地方协会发放。

第二十五条　申请补办教练员等级证书的，由教练员原申请单位提供书面申请和相关证明材料，经审批单位批准后，方可补办。

第八章　注　　册

第二十六条　教练员实行注册管理制度。各等级教练员注册须年满 18 周岁，超过 60 周岁停止注册。

第二十七条　教练员按双年度向协会进行注册，至少四年内参加一次教练员等级注册培训考核。

第二十八条　教练员未按时注册或连续 4 年未从事培训教学工作的，其教练员资质将自动失效；须经再次培训，考核合格后方可恢复。

第九章　附　　则

第二十九条　本办法由中国无线电和定向运动协会负责解释。

第三十条　本办法自 2022 年 1 月起施行。

参 考 文 献

［1］《全日制义务教育科学课程标准》，北京：北京师范大学出版社，2017.

［2］姜启时.全息投影技术中的相关光学知识赏析［J］.中学生数理化（高二高三版），2015（6）：28-29，1.

［3］朱奎至.试制一架遥控纸飞机［J］.航空模型，2016（12）：54-57.

［4］阎力禾.自航帆船模型的制作与放航［J］.航空模型，1997（3）：33-36.

［5］许梦.风能动力机械兽［J］.课外生活，2020（19）：14-16.

［6］相成.水火箭［J］.少儿科技，2016（101）：84.

［7］赵秀祯.小学科学实验及科技活动［M］.长春：东北师范大学出版社，2013.

［8］熊开封，扶健华，孙利敏.无线电测向理论与实践［M］.成都：西南交通大学出版社，2011.

［9］王威，刘龙.基于任务驱动的高中科创社课程设计研究——以 OTTO 机器人制作为例［J］.新课程，2018（27）：114.

［10］百度百科.运载火箭［EB/OL］.（2022-03-01）［2023-02-02］，https：// baike.baidu.com/item/%E8%BF%90%E8%BD%BD%E7%81%AB%E7%AE%AD/786531.